VICTOR MODESTE

RÉSOLUTIONS NOUVELLES

AU SOUVENIR DE

L'INVASION

PARIS

GUILLAUMIN ET Cte LIBRAIRES

Éditeurs du Journal des Économistes, de la Collection des principaux
Économistes, du Dictionnaire de l'Économie politique,
du Dictionnaire universel du Commerce et de la Navigation, etc.

14, RUE RICHELIEU

1878

RÉSOLUTIONS NOUVELLES

MEAUX. — IMPRIMERIE G. DESTOUCHES.

VICTOR MODESTE

RÉSOLUTIONS NOUVELLES

AU SOUVENIR DE

L'INVASION

PARIS

GUILLAUMIN ET Cⁱᵉ LIBRAIRES

Éditeurs du Journal des Économistes, de la Collection des principaux
Économistes, du Dictionnaire de l'Économie politique,
du Dictionnaire universel du Commerce et de la Navigation, etc.
14, RUE RICHELIEU

1878

Ce livre date en réalité de plusieurs années, car il y a plusieurs années qu'il aurait dû paraître. Inspiré par le sentiment de nos derniers malheurs, commencé au lendemain de nos revers, s'il fût venu à son heure il aurait eu pour titre : APRÈS L'INVASION.

Quand je décidai de l'écrire, sous l'empire d'une illusion que je n'ai pas le courage de me reprocher, je crus pouvoir suffire à la fois à deux tâches en faisant deux parts de ma vie : je voulais d'un côté achever cet écrit et mettre au jour ceux qui sont appelés à le suivre ; de l'autre, je souhaitais de créer auprès de moi un certain nombre de ces œuvres qui, en fonctionnant sous les yeux des populations, les servent par des voies plus sensibles que les livres et ressemblent à des prédicateurs de même esprit qui les prêchent dans un autre langage.

Sous le coup de nos épreuves, je disais, je proclamais alors qu'il importait de susciter partout l'élan des hommes de cœur pour relever le pays, et que je ne me croyais plus libre de refuser mon concours à la chose publique. Or, à ce même moment, d'autres âmes se sentaient touchées du même souci. Ce simple appel fut vite entendu : nombre d'hommes dévoués se groupèrent autour de moi. *Bibliothèque populaire, Lectures, Conférences, Cours multipliés* de connaissances appliquées aux professions manuelles, *Institution pour l'amélioration et la mise en honneur de l'apprentissage*, créations réclamées par le vœu de l'opinion, souvent personnelles et originales, marquées toujours profondément au coin de l'intérêt public et de l'esprit libéral, se fondèrent rapidement par nos mains.

Mais je ne tardai pas à reconnaître que la direction de tant de laborieuses entreprises était un fardeau plus lourd que mon désir de les embrasser toutes ne m'avait permis de le pressentir. Il ne s'agissait plus de sacrifier une moitié de mes heures de travail : ma vie y passait tout entière.

Ai-je à regretter ces efforts? Non! de tels actes d'initiative ne se poursuivent pas sans imprimer, pour leur compte, une salutaire secousse à l'esprit public. Les fruits n'en sont jamais perdus, pas plus que les exemples. Seulement, et je ne m'y soumis pas sans un réel chagrin, la tâche de l'écrivain se trouva suspendue. Les pages commencées restèrent inachevées à mes côtés.

Libre à présent vis-à-vis de mes collaborateurs et de nos œuvres communes, libre notamment pour avoir payé ma dette, de toutes les années promises et de bien plus que les années promises, j'ai pu enfin reprendre le livre où je l'avais quitté. Pour l'écrire, j'ai tenu, malgré les années, les événements, les circonstances, à le recueillir sans y rien changer, ainsi que je le retrouvais au bord de ma mémoire. Je n'y ai consenti que les retouches insignifiantes qui se trouvaient absolument indispensables pour lui rendre la date de l'heure présente.

En le livrant au public et à mes amis, je m'applaudis pour lui et pour moi de pouvoir dire que tel il eût paru à son premier jour, tel je le donne aujourd'hui.

RÉSOLUTIONS NOUVELLES

Après de longues années de retraite et de silence, je remets brusquement le pied sur le sol de la vie active ; je reprends la parole et la plume : dernière vicissitude de ma vie, sans nul doute, qui prête à l'entrée sur une terre nouvelle l'amère saveur du retour de l'exil et semble rejoindre, sous une impression de tristesse, la fin de ma journée aux premiers sillons tracés le matin.

A cette époque, aux jours de la jeunesse, j'avais ressenti vivement l'attrait puissant des affaires communes. Je voulais m'y consacrer, les servir. En possédais-je les aptitudes comme j'en écoutais le penchant ? Aujourd'hui que l'expérience a jeté au même titre, sous mes pieds, les doutes des jeunes années comme les fausses humilités des conventions mondaines, je dirai simplement que je le crois. Ce que j'énoncerai avec plus de fierté, c'est que je portais certainement en moi les mobiles désintéressés et purs qui font la valeur des aptitudes, simples instruments de lucre personnel s'ils les délaissent, sources fécondes de services quand ils les prennent sous leur égide. Aussi avec quelle ardeur je me jetais dans la carrière ! Comme j'aimais, comme je serrais mon drapeau ! Comme je levais haut mes regards par delà les têtes des foules, en embrassant de loin avec un sourire les fatigues du travail et les inspirations de l'étude !

A quelque temps de là, abreuvé de dégoûts, je n'eusse plus levé le doigt pour une de ces causes qui me passionnaient naguère et m'entraînaient à me croiser pour elles. Devant moi, sous mes yeux, purs espoirs, ardeur, foi, dévouement, descendaient sous la terre serrés dans un même suaire. Puis, pendant des années, je regardais la froide neige des jours qui les séparait de moi par des couches de plus en plus profondes, comme pour les défier de soulever jamais la pierre alourdie de leur tombeau. Pendant des années, en effet, rien ne bougea dans le linceul.

Et voilà qu'après des années, à nouveau je redescends dans le champ clos ; à nouveau je sens battre l'épée sur ma cuisse ; à nouveau l'ardeur d'agir me presse, me soutient, m'emporte. Champ clos plus vaste qu'autrefois, épée plus lourde, ardeur autre mais égale et plus âpre ! En vérité, que s'est-il donc passé ?

Quels étaient les sentiments qui dictaient ainsi à une jeune âme ses vœux de bien public ? Ces sentiments, où les avais-je puisés ? qui me les avait donnés en héritage ? quels en étaient les sources, l'aliment, le but, la force ?

Plus tard, quels obstacles les ont entravés ? quelles influences les ont anéantis ou flétris ? quels poisons mortels ont transformé si vite le dévouement en dédain, l'envie de servir en inertie volontaire ? Et aujourd'hui, quels sont donc ces mobiles plus forts qui ont pu ranimer un foyer où la cendre même était depuis si longtemps refroidie ? Est-ce que l'illusion morte a su pour la première fois revivre ? ou bien me suis-je trompé autrefois ? ai-je eu tort, et, sous le sentiment de l'erreur commise, la pensée d'une réparation s'impose-t-elle sourdement à ma conscience ?

Non ! je ne me suis pas trompé ! Non ! l'indifférence était méritée : elle dure. Le dédain était juste : il demeure. Du passé, rien ne cède, rien ne revit ni ne se désavoue. Mais alors, s'il s'agit d'attraits et d'élans nouveaux, quels sont donc ces attachements qui ont pu germer dans un cœur que la désaffection avait envahi tout entier ? Quels sont ces mobiles qui ont pu surmonter le ressentiment, le dédain, l'indifférence, l'indifférence plus insurmontable, dit-on, que la haine ?

A cet appel de ma pensée, à ces interrogations répétées dont je partage le premier la surprise, les souvenirs me reviennent en foule : sentiments d'autrefois déjà perdus dans l'éloignement, le calme et la nuit ; sentiments à demi-apaisés et tièdes encore ; sentiments impérieux et bruyants de l'heure présente. Tous accourent, se pressent.

Eh bien, soit ! qu'ils approchent ; leur jour est venu ! Anciens, le temps est passé de les taire ; nouveaux, c'est l'heure de les dire. Tous je dois, je veux les dire et cela pour plusieurs motifs.

Le premier de ces motifs, c'est que la créance qui s'attache aux paroles des hommes tient bien moins à la valeur des raisons qu'elles apportent qu'aux intentions qu'on y respire ou qu'on y suppose. Le caractère reconnu voilà par dessus tout — et plût à Dieu qu'il en fût ainsi toujours ! — voilà, dis-je, les trois quarts du temps, le fondement le plus vrai de l'influence : l'autorité de la parole est avant tout un ascendant personnel.

Est-ce que c'est la harangue éloquente qui a calmé ou exalté cette multitude, entraîné cette autre aux

croisades ou à la frontière, contenu ou brisé l'entraînement violent de celle-ci dans la rue, au Champ-
de-Mars, à l'hôtel de ville? Non! la voix n'a pas
même porté parfois à la moitié de l'auditoire. Non,
ce qui a tout fait, presque tout fait, c'est la confiance,
la possession établie de longue main, c'est le lien
d'âme à âme, c'est le renom qui, lui, portait jusqu'au
bout du monde, renom, suivant les temps, de sainteté, de probité, d'honneur, de dévouement à la
cause populaire, de patriotisme. Point de foule igno-
rante qui n'obéisse à ce principe, fût-ce à l'aveugle;
pas de foule frivole, corrompue, égarée qui ne s'en
inspire, ne l'impose, n'y revienne, qu'il ne faille
tromper d'abord sur ce point pour la séduire, qui
ne croie dans son erreur y obéir encore, témoin l'ir-
ritante histoire de tous les grands contempteurs des
peuples. Partout, avant d'écouter, d'agir, de se
livrer, de croire, hommes et peuples regardent à la
voix qui parle, comme avant d'accepter le don ils
regardent à la main qui donne.

Or, dans ces écrits qui vont suivre et dont celui-ci
n'est qu'une sorte de préface destinée à en expliquer
la venue, qu'est-ce donc que je veux; quels sont mes
vœux, mon ambition? Provoquer des réformes, agir
sur l'opinion, révéler et, avec son aide, abolir quelques injustices sociales, grandes ou petites, depuis

les répréhensibles jusqu'aux abominables, frapper des spoliations, exécuter des priviléges, démasquer et déjouer des hypocrisies, des manœuvres d'intérêts coupables, châtier des lâchetés, des hontes, des insolences.

Et pour cela que compté-je faire? Prêcher, prêcher encore, semer des idées, apprendre et connaître, braver, affronter, avoir raison, savoir dire, oser dire et dire, m'emparer des esprits, gagner les convictions et, par les convictions gagnées, forcer les résistances ; en somme, convaincre et contraindre.

Eh bien, alors, n'est-il pas vrai que c'est ici le cas pressant de pratiquer le précepte des foules? N'est-il pas vrai qu'il faut conquérir le renom en montrant qu'il est justifié, la confiance en provoquant la sympathie, l'autorité de la parole par l'ascendant personnel ?

Or, cette confiance je l'ai méritée et la mérite : elle doit naître.

Cet ascendant, il m'appartient : il faut que je le saisisse et le garde.

Quand je me suis offert, je sais bien que mes mains étaient pleines : il faut qu'on le sache.

Quand je promettais mes heures, ma peine, je sais que ma promesse était sincère et loyale, en état d'être tenue ; il faut que je le dise et qu'on le croie.

Mes mobiles anciens sont les garants de mes mobiles nouveaux : qu'ils témoignent ! Que la lumière soit faite ! Anciens, nouveaux, je veux, je dois les donner ; je les donne.

Mon second motif est, je le confesse, un motif d'intérêt personnel, une raison de dignité. Et dans quel temps un motif de cet ordre n'a-t-il pas droit à la faveur de l'opinion ? Si j'avais eu à l'invoquer il y a quelques années, sous l'Empire, en y formant recours j'aurais rappelé de grand cœur et à voix haute que c'était aux époques où la plupart des hommes faisaient bon marché de la leur, qu'il convenait de prendre un souci particulier de la sienne. Aujourd'hui qu'un régime nouveau s'est élevé qui cherche sa force, son appui, sa récompense, presque son principe politique dans l'affranchissement de toutes les vieilles humiliations par l'égalité, dans le respect de toutes les fiertés des hommes, je demande si la dignité personnelle n'a pas raison, si elle n'accomplit pas une sorte de devoir civique en se montrant plus exigeante dans ses satisfactions, plus sévère dans ses exemples.

A tous les titres, en pareille occurrence, j'ai le droit de songer à moi.

Or, à ce point de vue, si je sais que lorsque je me suis offert j'étais sincère, loyal, résolu, sûr de moi-même et de mes ressources, je sais aussi et j'ai le droit de dire que ce n'est pas moi qui ai ni déserté, ni failli, ni changé. Je sais et je puis dire que ce n'est pas mon ardeur qui a tari, mon dévouement aux intérêts publics qui a trouvé en lui-même sa cause d'épuisement ; je sais et je puis dire que je ne me suis arrêté que meurtri contre les obstacles élevés devant moi, au milieu de la nuit que faisaient les hommes. Je sais enfin et je puis dire que si les mobiles qui m'inspirent aujourd'hui diffèrent de mes mobiles d'autrefois autant que l'âge mûr de la jeunesse, la foi du désenchantement, la tendresse universelle de la défiance universelle, s'ils sont durs, généreux sans élan, dévoués sans chaleur, ils sont vivants pourtant, résolus, sincères aussi à leur tour, nés irrésistiblement, justement, sous le coup d'épreuves cruelles dans nos jours d'orages.

Eh bien, si tout cela est ainsi, et il en est en effet ainsi, il me paraît qu'il importe à mon caractère que l'opinion n'aille pas se méprendre et m'offenser en se méprenant. Il me paraît que ces changements qui se sont successivement accomplis en moi, je dois, en les racontant dès ce premier pas, en montrant que je ne les ai pas consentis mais subis du dehors et par force, en rattacher sans ménagement, au nom de la justice, les responsabilités à leurs vraies causes. Je ne veux pas — et c'est mon droit de ne le pas vouloir — que leurs responsabilités s'égarent. Je ne veux pas — et c'est mon droit de ne le pas vouloir — que l'opinion qui m'entoure puisse, par malveillance ou de bonne foi, en attribuer un seul en ma personne à l'inconstance, au calcul ou à la faiblesse.

Enfin, à ce moment qui marque pour moi la réouverture d'une ère nouvelle de travail, il est pour ces explications intimes un motif d'un ordre plus général et plus relevé : c'est qu'à les bien comprendre, elles n'ont de personnel que l'apparence. Et en effet, ces sentiments si divers, si contraires mêmes parfois, est-ce que j'ai été seul à les connaître ? Ce besoin d'agir, cet amour passionné des intérêts du pays, cette soif orgueilleuse de dévouement, est-ce qu'ils m'étaient des vertus singulières et leurs luttes, leurs défaites des revers exceptionnels ? Ces jours de foi, d'espoir, d'enthousiasme, ces autres et tristes jours de refroidissement que remplissaient sourdement les plaintes du juste, les objurgations du patriote ou des malédictions de prophète, est-ce qu'ils n'ont lui ou pâli que pour moi ? Non ! je le crois, eux aussi c'est légion qu'ils s'appellent et il n'est pas douteux qu'ils n'aient été, à des degrés divers, l'apanage ou le lot douloureux de beaucoup d'hommes de cet âge. A ce compte, ils appartiennent à la vie de ce temps et doivent prendre place sur la page de l'histoire contemporaine.

Dans leur tableau mouvant de la vie des peuples, les événements qui se déroulent sous nos yeux ne sont encore qu'une enveloppe muette et mortelle. Les sentiments et les mobiles des hommes sont le fond même et l'âme de l'histoire.

1

Les Sources

Quand je me reporte par la pensée à cette période des jeunes années dont je parlais tout à l'heure, elle m'apparaît au fond de mon esprit comme une clarté pure à demi perdue bien loin derrière moi, au bord de l'horizon. Pas à pas, souvenir à souvenir, ai-je réussi à remonter le cours des temps et à franchir l'intervalle, je m'en approche, oh ! sans trouble, mais non pas sans une sorte d'attendrissement mêlé de respect, et, quand je la revois face à face, surpris, hésitant, je la regarde comme on regarde une étrangère. Tant de jours écoulés nous séparent ! Tant de choses changées en moi et hors de moi en avaient si longtemps détaché mes yeux !

Est-ce bien toi? suis-je tenté de lui dire. Étais-tu bien telle que je te vois? Avais-tu bien cette sincérité, cette chaleur d'âme, ce désintéressement dans l'espérance? Mais si tu te montrais sous ces traits, si ta voix avait cet accent, comment, ah! comment a-t-il pu se faire qu'on ne t'ait pas écoutée?

Eh bien, oui, oui pourtant, mes souvenirs sont fidèles. Pas un ne ment ou ne me trahit. Tous, je les consulte, tous répondent hautement, nettement, fermement. Cette période presque sacrée des années généreuses, je puis en esprit de vérité lui rendre témoignage. Soufferte, elle m'appartient ; respectée, jamais reniée, j'ai le droit de la revendiquer et je la revendique ; écartée par orgueil, non de moi mais du monde, je la retrouve et m'y rejoins sans reproche à travers les âges, heureux, oui bien heureux au fond du cœur d'avoir à confesser qu'elle était belle. Et comment oublierais-je jamais qu'elle n'est mienne qu'à moitié? Comment oublierais-je que si je lui ai donné la trame de mes jours, cette trame, une autre main l'a remplie ; que dans son image, ce n'est pas elle seulement que je cherche et que j'aime et que je ne saurais, sans que tout mon être se révolte comme à l'idée d'un sacrilége, lui disputer sa douce auréole?

Alors, en effet, à côté de moi, près du foyer, était

une âme forte et grande, qu'à cette heure où j'en ai mesuré tant d'autres, je ne puis m'empêcher de qualifier de véritablement extraordinaire. Sans autre culture que les quelques reflets échappés des études que je poursuivais près d'elle, elle avait à propos de toutes choses des divinations soudaines, des pénétrations singulières, des éclairs inattendus. Mais comme le caractère effaçait encore l'intelligence ! Au rebours de la coutume, elle portait dans la vie les grandeurs que la vie ne nous offre d'ordinaire que dans les livres et ce qui, pour les hommes de nos jours, est le domaine de l'idéal, de l'imagination, des chimères était pour elle celui de la réalité. Loyauté, sincérité, foi éternelle à l'attachement conçu, à la parole jurée, croyance invincible à la foi d'autrui, amour intraitable de la justice, pitié profonde, révoltes ouvertes contre les infamies adorées et pour le droit, soif de sacrifice, elle avait tous les dons qui élèvent et qui perdent, qui honorent et qui font souffrir, aucun de ceux qui servent et assurent le succès, l'intérêt ou le bonheur.

Rien n'avait pu mordre sur cet airain sensible. L'expérience, cette souillure progressive des âmes au contact des vilenies du monde, n'avait pas eu de prise sur elle. Elle l'avait traversée sans atteinte. Le sort, rude pour tout mortel, ne l'avait pas épar-

gnée. Pour elle, il avait été cruel. Mais au dessus
du ressentiment, des plaintes, de la faiblesse, au
dessus des misères et des lâchetés commises, au
dessus encore de l'effort du pardon, au dessus même
de l'intelligence du mal, elle n'avait pas même compris les coups au moment où elle perdait tout son
sang sous la blessure, et toute la vengeance qu'elle
avait inconsciemment poursuivie était la pensée
altière de laisser de soi, à jamais préservé, un idéal
superbe qui allât au loin, en silence, jeter la honte
au sort qui l'avait frappée, le regret douloureux à
ses exécuteurs et à ses complices.

Que de fois, en l'écoutant surpris, ne m'est-il pas
arrivé de sentir mes lèvres répéter tout bas orgueilleusement sans le vouloir le « sanctum aliquid » que
j'avais rencontré dans mes livres, ou de chercher au
dessus de son front la langue de feu dont le mystère,
encore nouveau conté pour moi, me revenait en
mémoire ! Que de fois n'ai-je pas adoré en secret
cette habitude de renoncement, ce défaut absolu de
désir et d'espoir personnel qui se lisait dans l'attitude, l'accent, la parole, le visage, à côté d'une crédulité héroïque dans le pouvoir du bien à faire aux
autres ! Comme j'applaudissais à cette fierté vigilante qui se gardait sans merci parce que sans le
témoignage du for intérieur, elle n'eût pu vivre ; sans

faste parce que ce témoignage suffisait ; sans vouloir
d'autre récompense que le sentiment de son isolement
à distance parce qu'elle avait l'intuition que l'élévation des sphères morales se mesure à leur solitude !
Comme j'aimais jusqu'à ses superstitions mêmes :
croyance à la voix du sang qui révélait les enfants à
leur mère, aux pressentiments qui avertissaient les
cœurs à distance, nobles et touchantes illusions
issues tout à la fois de l'élan d'une pensée forte,
impuissante à se contenir en deçà des aires mortelles,
et du besoin céleste de grandir le monde en le dotant
d'éléments poétiques qui devraient en effet lui appar-
tenir !

N'est-ce pas là, me disais-je parfois, n'est-ce pas
là le souvenir et la marque d'origine ? n'est-ce pas le
sceau sacré, la langue encore parlée de l'ancienne
patrie ? Et quelle meilleure preuve d'une supériorité
de nature que cette impuissance à poser le pied sur
ce ramassis d'intérêts, de calculs matériels et
d'égoïsmes qui constitue le plancher commun des
hommes, et que ce pouvoir de maintenir sa tête et
ses regards au sein des sphères où le reste ne vient
respirer que par hasard ?

Longtemps nos esprits demeurèrent, en marchant
côte à côte, dans le cercle quasi-monastique de la
simple étude des lettres. Quelle paix alors, quel

silence ! quelle glace unie ! quelle heureuse ignorance ! Un jour, l'une de ces secousses qui ébranlent
périodiquement notre pays jeta les bruits de la politique dans notre retraite et, avec eux, pénétrèrent
du même coup les problèmes troublants qui s'imposent à la société de notre temps. C'était la révéla-
tion d'un monde inconnu et comme l'entrée dans les
passions plus fortes d'un autre âge. De ce jour, pour
moi la robe virile était prise, mais le calme était
perdu. A sa place, était venue avec ses blâmes amers,
ses indignations, ses conseils impuissants, ses espoirs
et ses déceptions, ses anxiétés et ses impatiences, la
vie militante de l'esprit.

Est-ce là ce qui t'appelle, me dit-elle de sa voix
triste et grave, quand elle s'aperçut de mes nouvelles préoccupations et elle s'en aperçut vite. Eh
bien, soit ! Pourquoi pas ? Il est en effet bien des
demeures dans la maison du père. Qu'importe, le
chemin où l'on sème ces tristes jours si rapidement
disparus, si leur grain de sénevé doit germer sur sa
terre ! Qu'importe le toit où la vie passe pourvu
que l'honneur l'habite ! Qu'importent enfin mes
peurs ! Ai-je donc le droit d'écouter mes peurs si
c'est sous cette forme que le devoir t'apparaît ?

Non ! mais seulement prépare-toi avant d'entrer
dans la lice. Nous ne sommes plus aux temps où il

suffisait d'une massue empruntée au bois prochain pour dompter les monstres ou pour les détruire. Certes, je sais peu du monde, n'y ayant qu'à moitié vécu. N'est-il pas vrai toutefois que ces journaux qui, depuis quelques mois, remplacent nos livres nous le font pressentir? Ils jettent sur ses entrailles des clartés livides. De nos jours, la main d'Hercule s'en irait au tribunal correctionnel et la lance de Bayard aux assises. Les monstres aujourd'hui, c'est tantôt une opinion empoisonnée qui s'ignore, tantôt une iniquité profondément cachée dans une loi, un droit politique ici donné, ailleurs ravi qui, par une série de conséquences lointaines, assure là le pouvoir et le privilège invisible, ici la servitude et la spoliation insaisissables. Quelle tâche dans cette situation que celle de bienfaiteur des hommes ! Dans ce vaste réseau de mailles nouées, serrées, soutenues, redoublées qu'on appelle les institutions d'une société, œuvre successive et dix fois séculaire comme une œuvre de conciles, qui saura se mouvoir, se reconnaître, agir? Qui saura distinguer la sincérité de l'hypocrisie, l'erreur de l'intérêt, la conscience de l'influence de la loi, la loi du droit, le droit de l'habitude ou de l'iniquité des droits acquis, le bien du mal enfin, aujourd'hui ménechmes tragiques qui se disputent le monde sous les mêmes traits et le même langage? Qui fera cela? Qui? Je le sens. C'est la science, la science seule.

Mais il ne suffit pas de voir, il faut enseigner, ramener, convaincre : encore œuvre de science. Pour réaliser, il faut choisir, ménager, imiter, remplacer, rajeunir : toutes œuvres de science encore. Ainsi, la science est tout et partout. Arme-toi donc de savoir ! L'étude persévérante est aujourd'hui la veillée des armes.

Un autre jour, elle ajoutait : Le savoir ! oui ! tu as raison de me le rappeler, oh ! c'est une grande puissance, une arme bienfaisante ou terrible. Mais où est le cœur qui mènera la main ? Bouclier, épée peut-être, qui l'épée doit-elle atteindre ? qui le bouclier devra-t-il couvrir ? Pour ce qui te regarde, ton choix est fait. Le sais-tu ? Non ; tu l'ignores ? Eh bien, moi je le sais, je l'ai vu.

N'est-ce pas que tu ne peux suivre des yeux sans émotion l'ouvrier qui, tous les jours que Dieu fait, se rend dès l'aube à sa journée et en rapporte quoi? du pain le soir pour les enfants et leur mère au prix d'un travail opiniâtre? N'est-ce pas que tu ne peux voir sans un mouvement d'émotion profonde la femme qui s'en va laver pour autrui les mains dans l'eau glacée, ou passe devant la maison, pliant au retour sous son faix de linge, ou le petit enfant, pauvre qui grelotte et bleuit sous ses haillons? N'est-ce pas que les heureux du monde te laissent froid, insensible, répulsif, non pas seulement parce que leur aisance, leur vie facile étouffent leurs qualités sous l'égoïsme, mais parce que leur bonheur seul te cause une sorte d'éloignement ? N'est-ce pas que malgré toi, tu prends parti pour les petits et les faibles ; qu'ils t'inspirent une véritable tendresse ; qu'en toi le préjugé est pour eux et que tu salues plus profondément et jusqu'à terre les dédaignés, les méprisés du jour? N'est-il pas vrai enfin que tous les déshérités de ce monde, connus, inconnus, apparaissent à ta pensée comme tes êtres de prédilection ; que là est pour toi l'attrait tout puissant, la grâce, le charme secret, l'aimant irrésistible ?

Est-ce vrai? Va donc, suis cette pente, puisque c'est celle de ta destinée. Ce n'est pas sur cette route que la foule retardera ta marche. Aime le malheur : il est de la famille. A ses côtés, à son ombre, tu trouveras la pauvreté, l'isolement, les rancunes, l'insuccès, l'ingratitude, les persécutions, la calomnie des puissants, avec ses trames lâchement ourdies, la calomnie, cette sœur moderne du martyre ! Va, toi aussi, tu as choisi la meilleure part. Seulement, comme j'en ai eu la force autrefois, espère ! Tâche d'espérer toujours ! Rêve d'être utile, pénétré, applaudi, servi, aimé ! Hélas ! l'espérance est bien souvent tout ce que nous connaissons du bonheur.

Parfois, ce qui attirait notre attention et remplissait nos entretiens, c'étaient les actes des hommes qui, à des titres divers, occupaient l'opinion. Leurs faiblesses, leurs chutes nous jetaient dans d'interminables conjectures et dans des étonnements profonds.

Quoi ! disions-nous, d'un bout à l'autre du pays sa personne était en vue, son nom répété, et il a taché son nom, il s'est avili sous les yeux de tant de millions d'hommes ! Quoi ! il a délaissé la grandeur pour l'ambition, sa route pour les routes vulgaires, l'indépendance pour la servilité, les cent voix éternelles de la vraie renommée pour l'éphémère clinquant de la notoriété fructueuse et fausse ! Celui-ci était puissant par la pensée ou l'éloquence et voilà qu'il aspire à cette influence qui ne s'acquiert qu'aux enchères des bassesses ! Celui-là, au milieu même de ses contemporains, avait la gloire, il pouvait compter sur l'histoire où sa page ouverte était prête, et, au moment de subir cet abaissement, il n'a pas eu la pensée de l'histoire, le respect de l'histoire, la peur de l'histoire ? Quelles tentations singulières habitent donc ces régions qu'on appelle les régions supérieures des sociétés et quel est donc ce milieu étrange où se faussent et s'intervertissent à ce point l'ordre et le prix des biens chers au cœur de tous les hommes ?

Peut-être, en effet, disait-elle, peut-être est-il de malheureuses régions où l'on ne respire qu'un air énervant et corrompu et que, ces lieux empoisonnés, le monde social, au rebours du monde physique, les repousse sur ses hauteurs. Peut-être aussi que la fragilité de ces hommes est la juste peine de leur habitude du bonheur, la rançon de leur fortune ?

Dans tous les cas, — et ici son visage s'illuminait non pas d'un sentiment d'orgueil, à Dieu ne plaise, mais sous l'écrasante expression d'un dédain suprême, — dans tous les cas, ces dangers ne sont pas pour toi. Le sort et la vie t'ont fait fier. La pauvreté et moi t'avons fait sans besoins. Jamais fée n'apporta de don plus précieux près d'un berceau d'enfant. C'est la sauvegarde souveraine, l'armure infrangible, l'eau du Styx. Où donc que la destinée te retienne ou te conduise, sache-le bien, si quelque chose t'étonne ce sera de sentir combien pour rester fier et pur la résistance est dénuée d'effort, et de trouver sur ton chemin tant de faiblesses quand, à tes yeux, il en vaudra si peu la peine de faillir. Va donc sans appréhension, sans même t'abaisser à la vigilance : tu as le sang pour toi !

Puis, comme séduite par l'une de ces perspectives

soudaines qui s'ouvrent parfois devant nos pensées, elle achevait plus bas d'une voix émue :

Noble passion que celle de la gloire ! Vivre à jamais ! Ne jamais finir ! Porter la meilleure part de son âme, tout entourée d'un culte de sympathie, d'admiration, d'enthousiasme, au milieu des générations lointaines qui n'auront pas connu ce corps mortel ; projeter sa voix à travers les âges et prêcher jusqu'au bout des âges l'austérité, la probité, la douceur, la liberté, le pardon, l'humanité, le désintéressement, la tolérance, l'honneur, le patriotisme, et cela d'une voix plus haute, plus écoutée, plus influente que celle même des vivants d'alors, quel miracle ! quel rêve de grandeur et de puissance ! Est-il au monde un but plus grand et plus digne d'envie ?

Mais comme ces hommes toujours légers se méprennent sur les sources de ce qu'ils adorent ! Ce pouvoir, c'est au génie seul qu'ils reconnaissent le droit d'y prétendre. Loin d'en être le possesseur exclusif, combien de fois le génie n'est-il pas bien plutôt le sacrifié de la gloire ! Tu me l'as dit, des œuvres de la peinture antique il n'a rien survécu. Les anéantir tout entières a été pour les siècles l'ouvrage d'une matinée. Le marbre n'a pas beaucoup mieux sauvé les siennes. En ne nous laissant que des tronçons mutilés, tristes écloppés d'hôpital, on dirait que le temps plus cruel a voulu, après les avoir frappées, les déshonorer sous le ridicule populaire. Il semblerait que l'historien, le poète, l'orateur ont trouvé un abri plus sûr. Eh ! bien, non encore. La langue, autre truchement de la pensée, est périssable comme le marbre et la toile. Quel labeur, t'en souviens-tu, pour pénétrer ces idiômes morts, en tournant cent fois les feuillets de tes livres ! Pour ces hommes qui les ont parlés, il n'est de choix qu'entre l'ensevelissement éternel et une résurrection de traducteurs en partie trompeuse.

Au contraire, quelle durée sans conteste quand il s'agit de dévouement, de grandes ou de bonnes actions, de sacrifices ! Après mille ans écóulés, on dit : il a donné cet exemple de vertu ; il a légué un nouveau droit au monde ; il a souffert pour sa foi ; il est mort pour l'honnèur ou pour son pays ; elle a été la mère des Gracques ; il a crié : A moi, d'Auvergne ! Là, rien qui perde à passer d'une langue dans une autre ; rien qu'une traduction trahisse. C'est l'âme même des morts qui s'élève, apparaît et qui parle aux hommes du fond de leur tombeau. Aussi, quand après des milliers d'années, l'humanité rencontre ces diamants purs dans l'humus profond des âges, elle s'arrête interdite, frappée de respect et les honore à deux genoux.

Eh ! vraiment, n'est-ce pas justice de la part de la puissance éternelle que d'avoir placé ainsi sur le même rang, pour sa gloire et la leur, à côté des dons involontaires de l'intelligence, les fruits tout personnels et précieux de la volonté des hommes ? Qu'il soit donc fait ainsi ici et à jamais !

Ta vie t'appartient : elle sera probe et digne. La mort !... Hélas ! la mort n'est à personne ; mais puisqu'on en doit une à Dieu, puisse-t-il, oh ! puisse-t-il te la donner grande et belle ! — Et maintenant, épris d'idéal et de vérité, armé d'énergie et de tendresse humaine, pour chercher le rameau d'or tu vas entrer à ton tour sous le bois sombre. Demain, dans vingt ans, toujours, où que tu sois jamais, souviens-toi qu'un esprit pur t'accompagne et te veille, qu'un cœur dévoué bat près de toi !

II

Inspirations et Serments.

L'offre de la Vie.

L'âme simple et grande disparut. Ce que devint
le foyer alors, je n'ai pas à le dire et qu'importe !
Quand je me réveillai, il me sembla que j'étais transformé.

Qu'est-ce donc qui s'était passé en moi ? avais-je
soudainement subi cette trempe d'acier rigide qu'im-
prime parfois à tout un être le froid saisissement
d'un cruel chagrin ? Était-ce la certitude hautaine et
nouvelle de me sentir désormais au-dessus de toute
atteinte, et regardais-je le monde comme à mes pieds
en le défiant de trouver contre moi un coup qui me
fût sensible ? Avais-je rencontré ma voie, cette voie

des aptitudes où tout devient facile ou possible ? Ou
l'envie sincère et ardente de faire du bien, sœur
peut-être de la foi qui transporte les montagnes,
aurait-elle aussi son privilége et sa récompense, et
lui serait-il en effet donné à elle aussi de découvrir
tout ce qu'elle cheʳche dans sa ferveur ? Je crois
bien que c'était à toutes ces sources à la fois que se
puisaient les forces, la résolution, les clartés que je
me trouvais à cette heure et que jusque là je ne
m'étais pas connues.

Et toutefois, je ne me contentais pas d'elles. Pourquoi ne le dirais-je pas ? mon imagination m'emportait bien au-delà, aidée de toutes les complicités de
mon âme.

N'est-il donc pas vrai que bien des mouvements
s'accomplissent en nous qui, visiblement, ne relèvent
pas de nous-mêmes ? Le poète n'entend-il pas à son
oreille la voix prochaine qui l'enchante, le maîtrise,
l'effraie ? Est-il bien sûr que l'homme politique, toute
positive que soit sa précise intelligence, n'éprouve
pas quelque sentiment de surprise quand il se trouve
tout à coup en présence de la solution qui se déro-
bait, et qui se révèle sans qu'il aperçoive bien ce qui
l'a fait luire ? Sous toutes les latitudes, dans tous les
siècles, l'inspiration n'a-t-elle pas manifesté sa réalité et trouvé son nom ? Un grand peuple enfin n'a-

t-il pas cru longtemps que l'âme de ses prophètes passait, à leur mort, dans celles d'autres prophètes?

Pourquoi ces élections d'outre-tombe, pourquoi ces filiations immortelles auraient-elles cessé? Par quel malheur ou par quelle faute aurions-nous perdu le droit ou n'aurions-nous plus la force de les recueillir? Pourquoi ces hommes d'autrefois auraient-ils eu le privilége de ces consolations et de ces espérances?

Pourquoi, du moins, serait-il donc interdit de penser que les exilés de la vie mortelle ne s'éloignent pas tout de suite ni tout à fait de ceux qu'ils ont beaucoup aimés, mais qu'ils peuvent rester un temps autour de nous, souffles éthérés qui nous environnent, gardes invisibles qui veillent sans plus connaître ni le jour ni la nuit, conseillers qui parlent dans leur langage sans bruit et sans lèvres, semblable à un fugitif et léger contact d'esprit à esprit?

Est-ce à dire que je m'attachais à ces idées comme à des vérités certaines? est-ce que mon esprit troublé par le chagrin, affaibli par l'insomnie leur prêtait véritablement créance? Oh! non. Je le sentais bien, elles ne m'offraient qu'une illusion; elles n'étaient rien que des chimères. Mais ces illusions je les aimais; mais ces chimères m'étaient douces. Et n'est-ce pas là, en définitive, un des constants mystères de l'âme humaine ? Étourdir, masquer sa raison du côté du doute est encore un des expédients recommandés par la foi. Tous les jours ne voyons-nous pas la puérile vanité des hommes se repaître de mensonges qu'elle pénètre, et qui ne doivent qu'au parti pris de sa complaisance le pouvoir de la tromper ?

Eh ! bien, il est aussi des mensonges plus légitimes, des illusions plus touchantes, et tous les cœurs éprouvés connaissent le recours aux superstitions volontaires qui consolent : j'avais les miennes. C'est ainsi que je me plaisais à marcher côte à côte avec elles, à les sentir à mes côtés, me bornant à les effleurer de la main pour ne pas les anéantir, ne les regardant qu'à demi de peur de les voir disparaître, et heureux enfin de me laisser bercer par elles en les écoutant sans y croire.

Et alors, comme tout prenait à mes yeux un sens secret, une vie pâle, étrange, troublée mais attachante ! Le cœur était plus rudement serré, mais il était occupé sans cesse ; la peine plus continue et plus vive, mais il semblait que son objet fût plus proche, et cela valait tout au monde. Autour de moi, rien ne m'était plus ni indifférent ni insensible dans ma solitude repeuplée d'une ombre. Tout m'intéressait, tout me parlait.

Le livre dont j'avais besoin me tombait-il sous la main par l'effet d'un hasard, je n'y voulais pas voir une rencontre purement fortuite. Quelque circonstance imprévue venait-elle favoriser mes études ou mes travaux, c'était une messagère, un souvenir, un témoignage et j'aimais à deviner derrière elle, du côté du pays de la mort, une main forcée de rester invisible mais toujours attentive qui l'avait fait mouvoir. Certes, la valeur de mes efforts personnels ne m'échappait pas, mais à l'image de certains exaltés de la foi religieuse, moi aussi j'éprouvais une joie singulière à faire fi des œuvres. Ce qui me touchait, ce qui me paraissait sans prix, c'était le secours d'en Haut sous la forme qu'il revêtait pour moi, et j'édifiais avec passion, au fond de mon cœur, une sorte de dogme nouveau de la grâce au profit d'une tombe. Sous ce jour, j'assistais à l'éclosion de mes pensées comme si elles ne m'eussent pas appartenu. Les idées dont j'avais besoin et qui me naissaient à leur heure, je les regardais sourdre en moi, sans moi, sous mes yeux humides, avec un sentiment de pieuse gratitude qui me donnait cent fois plus de force pour les servir.

Bientôt, je me sentis prêt. Projets et résolutions, emploi de ma vie, aliment pour ma vie, ligne de conduite, actes et mobiles m'apparaissaient comme de droites avenues pénétrées jusqu'au bout d'un coup d'œil. Je savais nettement ce que je devais tenter pour autrui, je savais ce que j'avais à faire de moi-même.

Oui, me disais-je, ma voie est marquée et la voici ; je la vois et je la possède : servir et grandir, en servant s'élever, s'élever toujours, c'est le but, la loi, la devise.

Le temps, dit-on, n'est plus à la grandeur, et cela est vrai sans doute. Oui, tout s'est rapetissé, abaissé, effacé, de nos jours, jusqu'aux formes mêmes de la persécution et du malheur. Soit ! le courage du soldat obscur ne serait-il pas, par hasard, le seul vrai courage, et l'infortune éclatante est-elle bien tout à fait l'infortune ? Après tout, la prose tue comme la poésie. Qu'importe que la destitution ait remplacé le bûcher si comme lui elle est mortelle ? Et n'est-ce rien que de rencontrer encore devant soi, à côté des dommages matériels, la calomnie lâche, les entraves dissimulées, les hostilités sourdes, toutes les blessures morales, et non pas plaintes, exaltées, consolées, vengées, mais creusées, envenimées, applaudies par l'oubli des services, les instincts cruels, la perfidie ? Contentons-nous des méchancetés de ce temps ! Pour ce qui me touche, j'entends du moins aller au-devant d'elles, les recevoir à plein visage, les braver, les mériter de toutes mes forces.

D'autre part, les occasions des grandes actions, rares dans tous les temps, le sont plus encore dans le nôtre. Qu'importe encore ! De même que l'oppression commune suffit pour l'épreuve, est-ce que la vie simple ne suffit pas pour l'honneur ?

Résistance intraitable aux préjugés, **aux** lâchetés sociales, probité inflexible, importune, abstention absolue de toute sollicitation intéressée, dédain des puissants, fidélité aux convictions embrassées, amour de la justice et de la vérité, franc parler résolu à l'encontre de l'hypocrisie et de l'improbité, haine des précautions, des capitulations de conscience, des mensonges, impatience de tout joug, passion de l'indépendance, ce sont là d'humbles lots, tranchons donc le mot : ce sont de glorieux lots pour cette vie. J'en ferai le souci et le partage de la mienne. Ne dit-on pas qu'à notre époque il n'y a plus d'hommes et que ce qui manque par-dessus tout, ce sont les caractères ? Eh ! bien, je veux être un homme au milieu de mon temps et, perdu dans la foule ou tiré de la foule, il n'importe, j'entends être et je le jure, je serai un caractère.

Mais quoi ! Pour grandir, servir, avec la résolution ai-je le pouvoir ? Ai-je la force ? Oui ! J'ai la force, car s'il le veut, l'être le plus faible et le plus dénué peut faire du bien autour de soi, parfois beaucoup de bien, un bien immense. Qui jamais en effet oserait borner la puissance de rayonnement de ce bien matériel ou moral qui trace, multiplie et dont l'essence même est d'être sans fin et sans mesure?

Oui ! J'ai la force, car tout grain de blé ne contient-il pas un épi, l'épi des milliers de gerbes, et qui peut dire s'il n'est pas aujourd'hui des moissons donnant la nourriture et la vie à des milliers et des millions d'hommes, et qui sont sorties tout entières de quelque grain semé un soir oublié, perdu au lointain des âges, dans un champ aujourd'hui ignoré, par une main inconnue et peut-être débile ?

Oui ! J'ai la force, car je suis armé, armé comme l'écrivain, le penseur, l'économiste, le philosophe, l'orateur, le savant, armé comme l'inventeur, le prédicateur.

Oui ! J'ai la force, car s'il est une vérité certaine, c'est que partout parmi les hommes, le pouvoir d'agir se proportionne à la valeur des mobiles et je sais bien les mobiles que j'apporte. Mes mobiles, c'est le chagrin, la tristesse, c'est le dénûment de toute affection, l'isolement, le vide du cœur et l'angoisse de la solitude, avec la nécessité et le besoin de suppléer par l'amour des foules anonymes au défaut des tendresses prochaines. Ah ! si le désintéressement, le désir de servir, le dévouement, la passion d'être utile ne naissent pas sur cette terre nue mais prête et avide, s'ils ne se développent pas librément sur ces plages dépeuplées de l'âme, où les trouvera-t-on jamais ?

Et un jour, en donnant au public un livre salutaire où je prêchais et pratiquais tou à la fois le devoir de combattre dés préjugés redoutables et de répandre quelques idées saines dans un intérêt de vérité, de prospérité et de paix publiques, je m'offris à mes concitoyens en quelques paroles que je ne relis pas encore sans émotion ni sans fierté, aujourd'hui, après des années :

« Cette tâche de prêcher des idées utiles, leur
« disais-je, pour mon compte je l'entreprendrai
« volontiers, avec plus d'une autre peut-être, dans ce
« coin du monde où je dois mourir. Pourquoi ? Parce
« qu'il faut que je rattache ma vie à quelque chose,
« sous peine de la voir retomber encore sur moi
« comme un fardeau ; parce que, s'il faut absolument
« que je l'emploie ainsi, j'aimerais mieux l'employer
« près de moi de manière à recueillir près de moi
« aussi un peu d'affection et d'estime.

« A ces conditions, veut-on mes heures et ma
« peine ? Je les donne. » (1).

(1) Préface de la 1re édition du livre *De la Cherté des grains et des préjugés populaires qui déterminent des violences dans les temps de disettes.* 1854.

Eh ! bien, cette offre, je me la rappelle et son souvenir me réchauffe : elle était confiante et bonne. Ces heures qui devaient être bien plus nombreuses et bien plus longues que je ne lê pensais alors, je les donnais de grand cœur, sans compter. Cette peine, je n'avais pas l'intention de l'épargner et je ne souhaitais rien tant que d'en voir accepter gratuitement, abusivement même le sacrifice. Et en effet, cette passion d'être utile, cette noble soif de faire du bien autour de soi qu'un grand cœur présentait éloquemment un jour comme un remède suprême contre la tentation du suicide à une âme alléchée par l'attrait de la mort, cette passion, elle était née en moi ; je l'y sentais brûler et vivre ; elle passait dans mes paroles et sous ma plume ; elle m'entraînait, me soulevait, me guidait. Mes rêves du sommeil et de la veille, c'étaient cent créations de mon esprit que je voyais en espérance réalisées par mes efforts, pour le bien-être, le repos, la fortune des autres ; des autres, me disais-je, qui le sentiraient sans toujours l'avouer et penseraient parfois doucement à moi sans me le dire.

Heureux temps ! Heureux non pas seulement parce qu'il était le temps de la jeunesse, mais surtout parce qu'il était celui de l'illusion, de l'ardeur, du désintéressement, de l'enthousiasme !

N'est-ce pas Talleyrand, nature sceptique pourtant, cynique et corrompue, qui disait un jour que quiconque n'avait pas vécu aux abords de 1789 n'avait pas connu le bonheur de vivre ? et pourquoi ? parce qu'à cette époque tout le monde croyait assister et contribuer pour sa part à l'aurore d'une ère de réformation, d'affranchissement et de félicité universelle.

Ce bonheur, c'était le mien. Je le possédais et je le méritais et je savais le sentir. Dans cette passion d'être utile, forte, vivace, ardente, je marquais avec joie mon choix, mon support, mon étoile, mon destin. Je lui demandais de remplir, de soutenir, d'honorer ma vie. J'aurais juré, oh ! oui, j'aurais juré qu'elle ne s'éteindrait qu'avec ma vie.

III

Une double tâche.
Les esprits : Apprendre et répandre.
Les améliorations matérielles : Flambeau
et pierre de touche.

Est-ce donc une témérité coupable que de promettre un jour son existence à une œuvre de prédilection ? « Toute la vie, » sont-ce là des mots à rayer de la langue humaine, et est-il donc vrai qu'il ne se trouve pas au monde de passion généreuse dont le souffle puisse porter seulement jusqu'au bout de cette éphémère durée ? Avais-je tort enfin de me vouer vis-à-vis de moi-même, avec quelque solennité, à l'amélioration du sort matériel et moral de mes semblables ?

Non, non ! ces défaillances de la volonté qui trahissent à mi-chemin ne sont qu'une impuissance des âmes vulgaires. Pour le succès de la cause à qui l'on a donné sa foi, tout dépend d'une part de l'attachement qu'on lui porte et de la résolution qui l'embrasse, d'autre part de la valeur des conceptions de l'esprit qui la servent.

Or, sur le premier point, Dieu merci ! j'étais tranquille. Chez nous, on aime bien ce qu'on aime, et j'avais vu près de moi des sentiments d'ordinaire plus périssables professés sans faiblir un jour jusqu'au dernier soupir. De ce côté donc, j'étais sûr. Je n'avais rien à redouter de moi.

Était-ce alors par quelque fragilité de mes projets qu'un échec pouvait m'atteindre ? Eh ! bien, non, et ce n'est le mot, je crois, ni de l'examen qu'ils acceptent sans crainte, ni de l'épreuve partielle que les circonstances leur ont permis de subir.

Dans ma pensée, en effet, je me traçais alors deux tâches distinctes mais simultanées, différentes mais unies pour moi par un but commun et par un même attrait, et voici quelle était la première :

S'il est une opinion — et Dieu sait si ces opinions sont rares — sur laquelle on est sûr, de nos jours, de ne pas rencontrer de contradicteurs, c'est que nous vivons dans un temps particulièrement difficile.

Il est très-vrai que la lutte pour l'existence, sans être comme on le croit souvent un mal particulier à notre époque, y revêt toutefois un état singulièrement aigu et des proportions plus qu'ordinaires, sous ces formes assez menaçantes qu'on a appelées du nom de « questions sociales. » A cet égard, il n'y a qu'un sentiment, qu'un cri, qu'une peur. Or, à part la peur, j'écoutais volontiers à cet égard le sentiment universel. Mais en même temps, pourquoi, me disais-je, pourquoi ces difficultés, ces dangers ? Oh ! d'abord, c'est que, quoi qu'il en pense, notre temps n'est pas brave et que le défaut de sang-froid est la plus coûteuse des maladresses ; mais c'est en outre qu'on a trop tardé. Si chaque jour suffit à sa peine, il n'est pas de digue, remarquons-le bien, qui soit en état de supporter un flot accumulé de quarante ans. Eh ! bien, supprimez les négligences, les somnolences, effacez les atermoiements et je dis que notre société française ne connaîtrait plus que des réformes d'économie politique et pas une « question sociale. »

Mais il est une circonstance qui contribue, par dessus tout, à nos périls et qui forme le trait réellement nouveau de notre « lutte pour la vie, » c'est l'obscurité tout à fait extraordinaire des phénomènes qu'elle comporte à notre époque.

Pour prendre un exemple absolument tranché,

regardez l'homme des premiers âges. Oh ! celui-là, il n'y a pas à craindre qu'il se méprenne. Ce n'est pas lui qui confondra jamais l'obstacle avec un avantage, une perte, une destruction avec un hasard profitable, la lutte enfin où se dépense la vie avec l'épargne, la préservation ou l'accroissement de la vie. Pour lui, tout est simple, net, précis. Nul doute à ses yeux qu'il ne faille savoir lancer la flèche ou la hache, car manquer le gibier c'est la faim, manquer le fauve c'est la mort.

Au contraire, aujourd'hui, quelles ténèbres ! quelles méprises étranges ! Écoutez les populations autour de vous : l'accident encourage le travail ; le crédit soutient et multiplie ; et voilà qu'on gaspille la vie. — Le capital est un ennemi ; on brise les machines qui accroissent la puissance du travail ; c'est-à-dire qu'on ne veut pas de la vie. — Un jour, on élève un « système » prétendu « protecteur. » Qu'est-ce, sinon prendre l'effort pour le succès, la peine pour le gain, la lutte de la vie pour la vie ? On parle d'instruction, et tout est là encore. Mais quelles défiances ! quelles hostilités ! quels obstacles !

D'autres méprises encore plus graves n'ont même pas encore été abordées d'une façon scientifique. On ne sait pas, on ne voit pas, on passe à côté, on se trompe, on ignore. Oui ! on ignore, mais remarquez-le bien, les faits savent ; mais ils agissent, eux, ils frappent. Qu'on sache ou ne sache point, les conséquences se déroulent inexorables, impitoyables. On ne voit pas, mais les sociétés souffrent de leurs erreurs ; elles peuvent mourir de leurs erreurs.

Or, s'il en est ainsi, me disais-je, si les conséquences sont telles ; si le danger vient d'un côté de ce qu'on néglige, de l'autre de ce qu'on ignore, n'est-il pas vrai que l'un des plus grands services qu'on pût rendre à la société de ce temps serait, d'une part, de se placer et de rester sur la brèche en vedette vigilante et, la main à l'aiguillon, d'agir, de presser, de forcer d'agir ; d'autre part de dissiper ces confusions, de souffler sur ces ténèbres, de prévenir ces quiproquos dramatiques qui sont de tous les jours, où l'on s'applaudit d'incendier l'ivraie quand c'est la moisson qu'on brûle, où l'on croit semer dans le sillon social le blé, le droit, la paix, la richesse, quand on jette à pleines mains autour de soi sans le savoir l'herbe parasite et mortelle, la ruine, le sang, la révolte. Notre mot, c'est le mot d'Ajax : De la lumière, disait-il, et que les dieux nous combattent! Pour nous faut-il dire : Fasse plutôt le ciel que les difficultés redoublent, mais que disparaisse le malheur de ne pas les apercevoir ou de les méconnaître!

Eh ! bien, ce double service j'entendais le rendre ;
je voulais et je pouvais le rendre.

J'entendais le rendre en demandant force et appui
à cet esprit vulgarisateur qui, de nos jours, a su
trouver pour la plupart des sciences l'intérêt piquant,
la chaleur et le charme et qui, par une calamiteuse
exception, n'a guère paru jusqu'ici qu'altéré par la
froideur, le pédantisme et l'ennui, dans cet autre
domaine bien autrement capital de l'économie politique.

J'entendais et pouvais le rendre en faisant appel
à une ressource encore mal exploitée sur ce terrain :
celle de l'opportunité, de l'accord avec les circonstances, les souhaits ou les peurs, le caprice ou le
souci publics.

Appui réel et fort en effet que celui-là ! Prêchez
l'hygiène à l'adulte robuste dont le corps n'a pas
connu d'atteinte, il n'entend pas. Au sortir du mal,
vous le trouverez tout oreilles. De même, voulez-
vous que la multitude vous écoute, que votre enseignement la pénètre, l'attire, l'entraîne, fructifie ?
Parlez-lui, et cela dans sa langue, de lois céréales au
seuil d'une disette et sous le coup de ses inquiétudes,
finances, douanes, crédit, illusions du crédit, choix
entre la liberté et le despotisme, sous le poids d'une
crise financière ou commerciale ou de travail, au

sein d'une révolution, d'un désastre éclos des fautes ou des crimes d'un pouvoir absolu. Faites comme l'Église catholique, comme toutes les Églises, dont les prédicateurs les plus éloquents, les plus irrésistibles sont la douleur, le chagrin, la mort ! Soyez tranquilles, vous n'avez pas à craindre que sur cette voie les ressources vous manquent, que le sort vous trahisse : vous n'attendrez jamais longtemps le secours d'une calamité publique. L'homme, dites-vous, est de glace aux vérités, il est de feu pour le mensonge ? Oh ! point ! quand il vient d'être ruiné par le mensonge.

Est-ce que cette tâche était mal choisie, sans valeur, inutile ? Est-ce qu'elle manquait d'intérêt pour ce temps et pour cette société pleins de trouble et d'ombre ? Est-ce que ces moyens étaient mal conçus, ce but, tout haut qu'il fût, hors de ma portée ? Non ! à Dieu ne plaise !

Non ! je ne péchais pas, à coup sûr, par outre-cuidance et vanité, pas plus que par inexacte ou irrespectueuse appréciation des besoins les plus pressants du pays, quand je prenais pour devise ces simples mots de Bastiat : « apprendre et répandre ? » Non ! Non ! Je n'abordais pas une conception chimérique, l'histoire en témoigne, quand je voulais puiser dans les difficultés du temps les moyens mêmes de les combattre et de les résoudre. Non ! ce n'étaient pas des points d'appui fragiles que les durs soucis des riches et les tenaces espérances des pauvres, des léviers sans force que leurs résistances et leurs exigences, un parti malhabile et inefficace que de porter sa tribune au fond même de l'âme des populations, au milieu du vide immense de l'ignorance universelle, en entassant à ses pieds, pour l'élever, la grandir, les obstacles, les préjugés, les erreurs et en peuplant la voûte, pour décupler la voix du bon sens, des échos retentissants des passions, des défiances imméritées, des rancunes injustes, des convoitises et des inquiétudes.

Enfin, — car en pareille matière, il peut y avoir loin de la coupe aux lèvres et c'est à l'exécution qu'appartient le mot décisif — il me sera bien permis de rappeler sans encourir de reproche, et il faut bien que je rappelle que cette exécution n'est pas restée pour moi à l'état de simple intention, pour mes concitoyens à l'état de conjecture ; qu'elle a été commencée sous leurs yeux ; que le jour où j'ai pris la parole, ce jour-là j'ai réussi à trouver sur ma route la raison, les saines et droites doctrines, la persuasion et l'apaisement des esprits, la force contre les erreurs et leurs dangers, la chaleur communicative au service de la vérité, du droit, de la paix civile ; que le livre sur les *Préjugés popu-laires qui déterminent des violences dans les temps de disettes* (1), ce livre est resté sur la brèche ; qu'il a fait autour de lui un peu de bien ; qu'il continue d'en faire. Et pourquoi donc ses pareils, ses frères, sûrs de lui ressembler, prêts à le suivre, n'en auraient-ils pas fait à leur tour s'ils l'avaient suivi ? Oh ! non, ce n'est pas l'insuccès qui se fût trouvé au bout de ces efforts.

Après cette première partie de ma tâche, voyons donc quelle était la seconde.

Eclairer, apaiser est bien ; agir, construire, fonder est nécessaire. Semblables à ces populations de l'Orient qui, à leurs prédicateurs-prophètes demandaient des miracles à l'appui des paroles, ce qui dans les idées du temps était la manière de les servir, les nôtres veulent bien qu'on les instruise, mais elles souhaitent aussi qu'aux améliorations morales se joignent des améliorations matérielles; venant fortifier, agrandir ou charmer le domaine de leur bien-être.

Sous ce rapport encore, étais-je en mesure vis-à-

______

(1) 1ʳᶜ Edition, 1854. — 2ᵉ Edition publiée par la Société d'agriculture de l'arrondissement de Meaux, même année. — 3ᵉ Edition, 1862. Guillaumin et Cⁱᵉ, éditeurs du *Journal des Economistes,* de la *Collection des principaux Economistes,* etc. Paris.

vis d'elles ? Eh bien ! oui, mes services étaient prêts, sous ma main, et j'avais le droit de les envisager avec confiance.

Mais d'abord, d'où me venait cette confiance ? où étaient donc mes garanties ? Il n'y a qu'un moment, ne disais-je pas que dans l'ordre des faits sociaux, pour l'esprit des populations modernes, tout est souvent ténèbres ; que rien n'y est commun comme les mécomptes, les méprises et qu'on s'y trouve menacé à toute heure de prendre un mal pour un bien, une perte pour un gain, un danger pour un bienfait ? Avais-je donc à ma portée, pour dissiper ces ténèbres, un flambeau qu'on y pût porter d'une main sûre, une pierre de touche apte à distinguer, sans broncher, la valeur vraie de l'apparence équivoque, l'or du clinquant ?

Oui, je crois en effet qu'il en était ainsi, et qu'il m'avait été permis de tirer l'un et l'autre des données les mieux vérifiées de l'économie politique.

Or, si j'avais ces clartés, cette mesure vraie des entreprises, le point à coup sûr est capital. Abordons-le sans tarder, dès cette première heure, fût-ce au prix de quelques pages un peu abstruses de sérieuse discussion de science économique. Il en vaut la peine. C'est lui, en effet, qui va séparer sous nos yeux un plan sérieux d'entreprises pratiques d'une série vulgaire d'imaginations sans portée.

Ces lumières, cette pierre de touche des entreprises, à mon sens, les voici :

Rien ne se fait de rien, me disais-je, pas plus dans le monde social que dans le monde matériel. Toute entreprise qui s'élève veut qu'on y consacre des capitaux et du travail. Or, les capitaux s'y enfouissent ; en réalité, elle les dévore et il est clair que, le travail une fois donné, on ne l'a plus davantage.

Quelles sont donc les mauvaises, les bonnes entreprises ? Est économiquement mauvaise — condition à chaque instant oubliée — toute entreprise qui rend moins en capitaux et en travail qu'on n'en a dépensé pour elle. Est économiquement bonne toute entreprise qui multiplie les capitaux et livre ses produits, quels qu'ils soient, avec une épargne telle sur le travail que les capitaux et le travail perdus se trouvent restitués à bref délai et avec usure.

En somme, le but, la mesure, la pierre de touche, qu'est-ce donc ? C'est l'obtention d'un excédant de revenu, autrement dit, d'un produit net.

Mais, est-ce que cette mesure est toujours d'une application facile ? Est-ce que, dans la pratique, ces faits de l'excédant ou de l'insuffisance du produit ressortent toujours nettement sous le regard ? Loin de là. Les améliorations que réalisent les hommes sont de plusieurs natures.

Ouvrez de larges rues, des squares dans un quartier malsain ; jetez-y l'air et la lumière. Vous détruisez, je suppose — et cela est d'un compte net et certain — pour vingt millions d'immeubles et un revenu annuel de douze cent mille francs. En revanche, il est possible que vous recouvriez un revenu supérieur en force et en santé de vos populations de travailleurs, mais qui peut le dire ?

Au lieu de cela, au moyen d'un pont, d'une route, abrégez-vous les distances entre deux grands centres ? Vous y dépensez huit cent mille francs, soit ! mais par contre, vous économisez nets, visibles au plein soleil, sur le travail habituel des populations et sous forme de transports, à celui-ci cinquante, à celui-là cinq cents, à cet autre mille journées de charretiers, chevaux, voitures, soit, si vous voulez, au total pour ces deux centres, quinze mille journées valant par an cent cinquante mille francs. Tout cela et des deux parts se suit et se cote à merveille.

Qu'est-ce donc à dire ? Cela veut dire que le produit net est de deux sortes et que les entreprises d'améliorations se rangent d'elles-mêmes, avec lui et par lui, en deux grandes classes suivant que le produit est certain, visible et tangible, évaluable et effectivement évalué et réalisé en francs, ou bien qu'il est non pas inapparent mais inévaluable, latent en quelque sorte, douteux, discutable, souvent pour sa totalité, toujours au moins pour partie.

Or, on voit aussitôt les conséquences. Quant aux améliorations à produit net inévaluable en argent, c'est d'une part que les populations ne peuvent pas être appelées et ne seraient nullement disposées à en payer le prix : la santé attendue d'un abatis de maisons ne trouverait pas dix francs de contribution volontaire par ménage ; c'est que les capitaux privés ne peuvent avoir la moindre pensée de les entreprendre ; qu'elles restent du domaine exclusif de l'impôt, du ressort exclusif de l'Etat, des départements, des administrations municipales et que, dans ces mains, elles gardent leur caractère problématique, la question pouvant toujours se poser, se posant toujours de savoir si elles valent bien ce qu'elles coûtent. En fait, on peut dire sans hésiter que, par le défaut d'un moyen précis de mesure, un nombre énorme de ces entreprises, depuis les plus humbles jusqu'aux plus hautes, ne sont parmi nous, et tous les ans, qu'une déperdition régulière des forces publiques. Dans cette sphère, quel que soit parfois le talent des administrateurs, échec, succès, tout est hasard et aventure.

Il en va tout autrement des entreprises à produit net évalué. Ici, les populations chiffrent elles-mêmes les avantages et, librement, les acquittent. C'est, pour n'en prendre qu'un seul, un exemple commun que celui des ponts de péage.

Des fruits se trouvant constitués, les capitaux privés s'empressent et abondent. Nul besoin des administrations, de l'impôt et de ses contraintes. C'est le domaine naturel et le champ d'honneur de l'initiative privée. Sous sa main, les résultats des entreprises prennent un suprême degré de précision et de rigueur et partout, disons-le en passant, elle marque sa supériorité d'une façon éclatante. Avec elle, plus rien d'indécis, plus rien d'illusoire sans recours, d'inquiétant, de problématique sans remède. Cette fondation vaut-elle ce qu'elle coûte? rapprochez la dépense de l'amortissement. Quel est exactement le chiffre de sa plus-value? voyez le dividende. Est-elle utile? on paie.

Notez que cette considération souvent formulée ne saurait être de mise : que les populations peuvent ne pas bien voir, qu'elles peuvent se tromper dans l'appréciation de ce qui leur est utile. Cette considération est sans droit et de plus, au point de vue économique, elle est absolument dépourvue de sens.

Elle est sans droit, car pourquoi l'entreprise se

fait-elle ? Parce que les capitaux y viennent et la veulent. Pourquoi y viennent-ils ? Parce qu'un profit apparaît, et pourquoi le profit ? Parce que, librement, volontairement, les populations usent de ces services mis à leur portée, achètent ces services, de telle sorte qu'en dernière analyse le fond sur lequel tout repose, ce sont des achats.

Or, remarquons-le bien, au nom du droit et du bon sens, l'acheteur est maître. C'est ici comme en matière de suffrage universel où l'on n'est pas électeur parce qu'on voit juste, non, mais parce qu'élire est s'occuper de ses affaires et que, même au risque de se tromper, on a le droit de s'occuper de ses affaires. De même, l'acheteur n'est pas maître parce qu'il achète bien, mais parce que c'est de son argent qu'il achète. Qu'est-ce que le régime des achats ? Une sorte d'élection générale appliquée aux choses et aux services. C'est, avec les mêmes pouvoirs et sans plus de restrictions, le suffrage universel dans le domaine de l'économie politique.

Nulle en droit, l'observation n'est pas, disons-nous, plus soutenable au point de vue de la vérité économique. Elle y constitue un contresens. Et en effet, de quel ordre sont les faits économiques ? Exclusivement des faits sociaux. L'économie politique est exclusivement une science sociale. L'homme isolé lui échappe, il ne peut en avoir l'idée, et l'idée qu'elle a de lui ne le lui montre qu'en dehors de ses lois. Pour dire les mêmes choses en d'autres termes, pour elle rien n'existe que dans l'échange et par rapport à l'échange effectif, prévu ou possible. Or, quelle est la matière de l'échange ? Est-ce donc l'utile, l'utile seul, absolu, l'utile en soi comme diraient les philosophes ? Non, mais l'utile évalué : *la valeur*. Qu'est-ce à dire ? C'est à dire que, bien loin de pouvoir être récusée jamais par rapport à la fixation de la valeur, l'appréciation, quelle qu'elle soit, de l'utile par les populations en est, au contraire, avec tout son cortége d'expérience et de raison ou d'imprudences et de faillibilités humaines, la condition, le fait essentiel, l'acte constitutif luimême.

Oh ! nul doute assurément que les subventions, les faveurs administratives, sortes de candidatures officielles octroyées à certains services, ne faussent souvent d'une façon profonde ce que nous venons d'appeler le suffrage économique et ne fassent préférer, par exemple, chez un peuple dont un quart ne se nourrit pas de pain, un opéra de soixante millions de francs à la mise en culture de trente mille hectares. Nul doute aussi que le progrès de l'intelligence publique accusé par la clairvoyance, l'effacement des superstitions, le redressement des besoins, la saine entente de la vie, ne tende à une adéquation de plus en plus complète de l'utile évalué et de l'utile véritable. Toujours est-il que dans un état donné de civilisation, le régime électif des services, le suffrage en matière de *valeur*, soit individuel, soit général, ne doive être tenu pour absolument sans reproche, par la bonne raison que la *valeur*, dans tout état donné de civilisation, c'est lui qui la fait.

Ainsi, ajoutais-je, l'appréciation des entreprises par leur produit net n'est pas seulement un moyen facile, plausible, volontiers populaire, de les juger et de les mettre à leur rang. C'est bien plus, c'est une formule régulière et un « criterium » véritablement scientifique. Que de fautes ruineuses, que d'entre-prises aventurées, décevantes, on eût épargnées à notre pays si ce « criterium, » on l'eût consulté tou-jours ! Quel argument, d'autre part, faut-il dire encore en faveur de l'initiative privée dont il est le pouvoir et l'honneur, j'allais dire le privilége !

Mais cette séparation des entreprises en deux classes suivant que le produit est apparent ou latent au point de vue de la valeur, est-ce qu'elle est immuable, irrémissible ? Est-ce qu'elle est inévita-blement commandée et fixée par la nature même des choses ? En aucune façon. Rien de commun comme

de voir des séries entières d'entreprises passer de
l'une dans l'autre, s'élevant ici des mains administratives à celles de l'initiative privée, ou retombant
au contact, suivant les temps, de l'erreur, de la
négligence, du despotisme, dans les limbes incer-
tains de l'emploi de l'impôt.

De là, que la tâche de l'initiateur en matière
d'améliorations matérielles est double et parfois, en
effet, se dédouble ; qu'il faut d'une part inventer,
découvrir, de l'autre réaliser, constituer, mettre en
œuvre. L'homme qui, trente ans plus tôt, apporte à son
pays l'idée d'améliorations qu'on n'eût connues que
trente ans plus tard est un bienfaiteur. A côté de
cet homme, celui-là réclame aussi sa place qui sait,
par ses combinaisons, leur assurer la mise en lumière
et l'achat des services, la venue et le groupement des
capitaux, et réussit enfin à faire saillir de sa gangue
ce produit net qui en est l'âme et le verbe. Le premier les appelle à la vie, mais au second elles
doivent, ce qui vaut un prix égal : la réalisation des
conditions qui les font vivre.

Tels étaient les principes que j'avais pris pour
guides et c'est à leur vive et saine lumière que j'avan-
çais sûrement et vite.

Portant sans cesse à la main leurs poids, leur
règle, leurs mesures, sans cesse les appliquant aux

créations de l'Etat, des départements, des communes, des compagnies, des particuliers mêmes, je vérifiais à toute heure la valeur des entreprises à mes données, la valeur de mes données aux entreprises, c'est-à-dire aux succès réalisés qu'elles m'avaient fait prévoir comme aux ruines accomplies qu'elles m'avaient laissé pressentir. A toute heure, une expérience persévérante contrôlait les conceptions de mon esprit et je les voyais alors se séparer avec une sûreté parfaite les unes des autres, devant moi, comme dans un crible intelligent et en quelque sorte infaillible : projets sans réalisation possible dans l'état des capitaux, des besoins et des esprits ; projets qui se trouvaient uniquement du ressort des corps administratifs, particulièrement des administrations municipales ; améliorations morales relevant de cette autre forme supérieure du suffrage qui s'appelle la souscription publique ; projets enfin susceptibles de revêtir la qualité d'entreprises formelles, soutenues et vivifiées par un produit net.

A ces dernières était réservé mon choix. A ces dernières, seules de mon ressort, j'avais à préparer la réalisation échelonnée que comportaient le temps et les circonstances. Mais combien elles restaient nombreuses ! Comme elles ouvraient encore à ces

jours comptés une perspective véritablement sans
fin ! Mais quel avantage, ai-je besoin de le dire, que
de ne marcher qu'à coup sûr avec elles, de n'avoir
pas à craindre de compromettre jamais les capitaux
disposés à se confier, sur un terrain inhabile à les
reproduire, et de pouvoir enfin, grâce à des principes
qui affectaient la rigueur d'un procédé tout à la fois
de science et d'expérience, n'appeler que des entreprises viables dans la sphère toujours si périlleuse
de la discussion et de la lutte !

Quant à la part de l'imagination, ou pour mieux
dire, de cette invention particulière qui s'applique
aux créations que j'ambitionnais pour moi, elle me
laissait sans inquiétude. Le poète a raison :

Onc ne furent à tous toutes grâces données.

N'est-il pas vrai aussi pourtant que chacun de nous
a reçu les siennes et qu'il n'est pas d'esprit qui n'ait
en partage quelque lot de pouvoir ?

Or, s'il en est un qui m'ait jamais été donné, ç'a
été assurément celui-là. Chose singulière ! avec une
insuffisance suprême quand il s'agissait de moi dans
la vie pratique, lorsque j'avais en vue des intérêts
généraux ou communs, la clairvoyance, l'abondance
des vues, l'esprit de ressource remplaçaient aussitôt
l'inhabileté, l'indifférence, l'hésitation, l'incertitude.

D'un bout à l'autre de la route, les besoins des populations, les désidérata des intérêts m'apparaissaient à distance aussi nettement qu'on distingue des trous dans une toile ou des brèches dans un mur. Puis, nouveautés, satisfactions, moyens de réparer, de remplir ces brèches se révélaient d'eux-mêmes à leur tour comme une réplique que la question appelle, comme une série de conséquences naturelles, comme une sorte de conclusion commandée de syllogisme, en même temps que l'entreprise revêtait par sa propre force, dans ma pensée, la forme qui devait lui prêter son revenu, son fonctionnement, son allure absolument comme un organisme s'assoit, se modèle, se pourvoit, se complète de lui-même en vue de la vie.

Me suis-je trompé quand tant de fois j'ai pensé qu'administrateur d'un centre de quelque importance, j'eusse été pour lui à cette époque un instrument des plus utiles ; que j'aurais fait pour lui ce que ne faisait, ce que n'a fait nul autre ; qu'à l'aide de ces années qui s'appelaient alors de l'avenir, je l'aurais couvert de fondations inconnues, multiples, fécondes pour sa prospérité, son influence et son honneur ? Je ne sais, mais, sans aucun doute, ma vocation était là ; mais si j'étais un humble voyant, j'étais du moins un voyant constant et sûr d'entreprises fructueuses encore cachées dans le sein de l'avenir.

Et c'est ainsi que le travail fécond et l'intuition des nouveautés nécessaires, la mise en œuvre et l'esprit de découverte me venaient côte à côte : que ces deux rôles qui forment la gestion des entreprises, je pouvais les revendiquer tous deux ; que tous les deux, j'avais l'ambition et je puis bien ajouter la légitime assurance de les remplir.

IV

Semailles et Moissons

Et maintenant, quels étaient ces projets que je caressais dans ma pensée ? Oh ! la liste en était grande, comme on la fait aux jours des longs espoirs. En la parcourant du regard, j'ose croire encore aujourd'hui que le programme en était vraiment pratique, original et utile.

Qu'il fût original, je n'en veux qu'une preuve. C'est qu'il est resté mien jusqu'à cette heure. Il a fait quelques pas hors de sa retraite, il s'est marqué par plusieurs fondations, il a levé à demi son voile ; les années ont passé enfin ; nulle part il n'a été deviné, repris, continué par personne. Il mourra vraisemblablement avec moi.

Pratique ! comment le nier ? nous venons d'en voir

l'esprit. Et d'ailleurs, en fait d'améliorations matérielles comme en fait d'institutions d'ordre moral, il a donné de lui-même des spécimens. Pour répondre aux sceptiques, il a fait comme le philosophe ancien : il a marché.

Mais était-il en effet utile ? En pareille matière, je le sais, l'illusion est facile, et je sais encore qu'elle s'attache aussi souvent aux souhaits désintéressés des hommes qu'à leurs calculs personnels.

Oh ! d'abord pour les améliorations intellectuelles et morales, point de difficulté. N'est-il pas vrai que celles-là sont le bien sans conteste ? Elles élèvent, instruisent, agrandissent l'homme même et coûtent peu en général, toujours moins et souvent beaucoup moins qu'elles ne valent.

Où le doute pourrait naître, c'est à propos des améliorations matérielles. Nous venons d'en voir quelques motifs tout à l'heure, et il en est d'autres. Eh ! bien, soit, examinons ce côté des choses ! Aussi bien, cet examen sera-t-il profitable, en même temps qu'il répond le mieux aux préoccupations des esprits.

La contrée où se préparaient ces projets et qui devait en être le théâtre affectionné est une des riches contrées de la France : agriculture, industrie, commerce y vivent et y prospèrent largement côte à côte. La terre est féconde, les capitaux accumulés de longue main, la race bonne, sobre en général et solide, le travail dur, actif, les produits de toutes sortes multipliés, les intérêts variés, pressés, considérables.

On devine que, sur cette terre privilégiée, l'épargne annuelle est fort importante. On peut dire que, même au milieu de cette France dont on ne mesure pas assez en Europe l'esprit d'économie en même temps que les habitudes laborieuses, elle est véritablement exceptionnelle. Toujours elle a été croissant. Moindre dans le passé, on ne l'évalue pas aujourd'hui à moins de vingt millions par an. C'est ainsi depuis quinze ans, vingt ans, cent cinquante, deux cents, trois cents millions peut-être. On voit si le chiffre est véritablement colossal.

Or, qui dit produits abondants, intérêts considérables, ne dit-il pas du même coup place pour des améliorations nombreuses? Rien ne réussit où tout manque. Tout fleurit où tout abonde. C'est le « dabitur habenti » de l'Évangile. Portez des chemins de fer au milieu d'une population dépourvue de produits, et où fait défaut la matière même des échanges, vous ruinez le capital sans servir ni rien ni personne. Au contraire, jetez-vous de simples chemins de pierre dans un pays mal doté de voies de communication mais riche, laborieux, industrieux?

Valeur des terres, chiffre des échanges, production, bien-être, tout peut être tiercé en dix ans. Est-il besoin de dire que l'étendue de l'épargne, quand elle se surajoute à tout le reste, joue le rôle le plus décisif ? Ce sont les ressources venant à l'appel des besoins, les moyens près des aspirations, à côté de la volonté la puissance.

Eh ! bien, dans cette terre promise dont nous parlons, où se réunissaient ainsi à la fois travail, produits, forces, épargnes, quels étaient donc les satisfactions données aux besoins, l'emploi donné aux ressources ? Satisfactions, emploi, tout était, je ne dirai pas peu de chose, ce serait injuste et oublieux des progrès accomplis, mais enfin c'était assurément trop peu de chose. A côté de quelques importants travaux exécutés par l'État utilement mais coûteusement comme toujours, la grande œuvre des conseils généraux, celle des chemins vicinaux, s'était rapidement achevée, pour tomber à la fin dans l'excès, sous l'empire des influences personnelles, en accusant par cet excès même d'un côté la surabondance des ressources, de l'autre le défaut d'invention de la part des esprits dirigeants pour des entreprises d'un autre ordre. Partout aussi, les conseils municipaux s'étaient essayés à couvrir leur sol d'améliorations souvent heureuses, mais toujours entachées, tout au moins, de l'incertitude inhérente à l'inapparence du produit.

Et l'initiative privée ? Hélas ! la souveraine présomptive qui devait présider aux progrès économiques de l'avenir était inconnue dans son empire. Le peu qui pouvait se réclamer d'elle n'avait que trop souvent revêtu le caractère de spéculations et d'affaires, et elle était moins représentée que compromise, moins respectée que travestie et trahie.

Mais alors que devenait donc cette épargne énorme dont les chiffres nous apparaissaient tout à l'heure ?

Ah ! c'est ici qu'éclate, avec une leçon dont le retentissement devrait être immense, un spectacle vraiment lamentable. Sans doute et dans les derniers temps, une partie de ces ressources s'est jetée patriotiquement, heureusement, dans les emprunts de la guerre de France et de la libération du territoire. Mais combien, en soudoyant avec les emprunts de l'Empire les guerres dynastiques de l'Empire, ont aidé à semer de toutes parts, en Russie, en Autriche, au Mexique, en Angleterre, aux États-Unis même, l'irritation, la rancune, la froideur, la soif de revanche et ont ainsi préparé, pour leur part, l'abandon universel au moment de l'invasion et du démembrement de la patrie ! Beaucoup, assez judicieusement pour elles-mêmes sinon avec grand profit toujours pour la communauté, ont pris place dans la rente sur l'État ou dans des valeurs d'une solidité presque égale. Mais, par contre, combien qui sous le coup de l'inexpérience ou à l'appel intéressé de véreux agents d'affaires sont allées, souvent à l'étranger, s'engloutir dans des placements hasardeux ou absolument chimériques ! Rien que pour les chemins de fer espagnols, c'est ici, dans la contrée dont je parle, trente à quarante millions au moins sur les deux milliards et demi qu'ils ont coûtés à la France. Au total c'est peut-être un quart, un tiers de l'épargne locale qui s'est perdu depuis vingt ans. Quelles fautes ! quelles ruines !

Or, en place de ces imprudences et de ces épreuves, dans cette contrée tout ensemble si exubérante et si dépourvue, au lieu de ces désarrois, jetez donc par la pensée ces projets qui se préparaient pour elle. Au chef-lieu, voici les premières entreprises qui s'élèvent. Voulez-vous ne faire que des suppositions assez humbles ? Pour lui ce sera, par exemple, deux, trois par an. Soit ! en quinze ans, en vingt ans, c'est cinquante. Ce n'est pas tout : autour de lui, tout lui ressemble et se ressemble. Hommes, passions, désirs, forces, besoins, ressources. L'esprit d'amélioration, l'émulation, l'envie même s'éveillent. On essaie, on s'entr'aide, on suit, on imite, on tente, on rivalise,

Or, à ce compte, ce n'est plus en vingt ans cinquante entreprises ; non ! elles surgissent et on les compte par centaines, et alors qu'arrive-t-il ?

Qu'arrive-t-il, disons-nous ? Eh ! bien, quelle était, dans ma pensée, leur constitution, leur âme ? Leur constitution, c'était le système actionnaire, mais universalisé, mais amené aux conditions de notre société démocratique en tous ordres de faits ; le système actionnaire avec des actions abaissées à la portée de toutes les bourses : deux cents francs, cent francs, cinquante francs même. Qu'est-ce à dire ? Que voici du premier coup un encouragement énorme à l'épargne.

L'épargne, on ne le remarque pas assez, manque à tout moment de placements à sa portée, témoin, pour n'en citer qu'une preuve, les restrictions apportées par trois lois redoublées aux dépôts des caisses d'épargne. Avec les actions nouvelles, la voilà pourvue presque sans limite. Libre, sollicitée, assurée, elle s'avive, s'étend, pénètre, multiplie. Ce n'est pas tout encore. Pour une forte part, elle émigrait sans cesse comme d'une terre inhospitalière, et c'était tous les ans pour les économies privées, et avec ses désastres, comme une sorte de révocation de l'Édit de Nantes dont les protestants portaient dans l'exil, à l'étranger, leurs richesses et leur industrie. Désormais, les capitaux sont fixés au sol. Il les a fait naître, ils le nourrissent et le fécondent. Ils s'y épuisent pour y renaître, y renaissent pour reprendre à nouveau leur œuvre et recommencer à l'enrichir. Et alors que de résultats heureux, justes, réparateurs !

Ont-ils commis quelque imprudence en quelque sorte individuelle ? une compagnie, un particulier se sont-ils aventurés ? C'est, en somme, la communauté qui en profite et ils s'y retrouvent au partage. Se sont-ils fait parfois une part excessive? Du moins, les bénéfices restent sur place. Ils vont aux capitaux mêmes qui les ont créés et qui les méritent.

Considération de premier ordre pour l'intérêt public, avec l'emploi dans la localité, tout se sait : hommes et choses. Toute entreprise est pénétrée, à jour, on n'en veut plus d'autres ; il n'y a plus place pour d'autres. Quel révulsif contre l'une des plaies de l'époque ! Quel échec pour les faiseurs d'affaires, les lanceurs d'affaires, les voleurs des affaires !

Et à côté de ces résultats, combien qui les égalent, les fortifient, les dépassent ! Les capitaux, fils du du sol, s'emploient sur le sol et par des mains qui lui appartiennent ! C'est-à-dire que les hommes s'évertuent, se partagent, se disséminent dans cent, deux cents entreprises diverses à leur choix, suivant leurs penchants, leurs aptitudes. Quelle école pour une population ! Quelles sources pour l'esprit public !

Quel enseignement, quelle préparation aux affaires communes !

Jusqu'aujourd'hui, les préoccupations des hommes se portaient et s'épuisaient uniquement sur les questions politiques. Désormais, elles dérivent, pour une juste part, sur les simples projets des améliorations locales. Quel secours pour la paix publique ! Quel avantage sans prix de n'avoir plus de questions, de n'avoir plus que des affaires !

Aujourd'hui encore, à la fois impatients et sans ressort, inertes et violents, nous attendons tout, nous voulons tout attendre de l'Etat, des départements, des communes, sauf quand une amélioration manque ou tarde à nous insurger contre nos tuteurs de tous les rangs. Quelle réforme que de substituer à ces coûteuses déraisons l'habitude, la seule qui soit saine et virile, de se dire simplement et en tout état de cause : nous n'avons pas ce qui nous manque? Pourquoi? Parce que nous ne l'avons pas fait.

Eh ! quoi, dites-vous encore, la fortune est en butte à cent inimitiés, à cent convoitises? Son droit est méconnu, contesté, et cela est encore une « question sociale » ? Oh ! alors, qu'est-ce donc que de la défendre par ses services ? Qu'est-ce donc que de faire qu'au bout de cinquante ans, dans un rayon de soixante lieues carrées, il ne se trouve plus cent familles peut-être qui ne possèdent?

Qu'est-ce que de semer partout de cette fortune enviée des parcelles semblables, comparables et solidaires dont chacune, sur sa motte de terre ou dans l'armoire, lui constitue un défenseur?

Qu'est-ce donc que de la faire marcher et agir tous les jours, à toute heure, sous les yeux de ce peuple qui se prend surtout par les yeux, et de faire apparaître en pleine lumière son rôle comme un travail, son intervention comme un bienfait, ses revenus comme des salaires, presque comme des récompenses civiques?

Son droit était suspecté, accusé, menacé? Désormais, on va se dire, en voyant ses favoris : celui-ci a dix mille francs de revenu annuel; mais il a construit pour un quart le chemin qui nous épargne tous les ans pour quatre-vingt mille francs de transports. Ceux-ci en ont quinze mille, ceux-là vingt mille, quarante mille? Mais celui-ci a établi le lavoir modèle qui garantit la santé des femmes et assure à bas prix aux familles la propreté salubre. Ceux-ci sont, pour les trois quarts, dans la fondation des usines nouvelles qui donnent de l'ouvrage à deux cents familles. A tous, nous devons d'avoir, à meilleur compte que par le passé, la viande, la laine, le drap, les loyers, les vins, les cotonnades, les toiles, la vie même, la vie !

A un autre point de vue, aussi juste, aussi protec-teur, on va se dire encore : Je perçois deux cents francs, cent francs, cinquante francs pour ma part annuelle dans les entreprises communes ? Ceux-ci en touchent cinq mille, dix mille, cinquante mille ? Soit ! C'est au même titre que moi, au nom du même droit. La différence de nos parts, c'est la proportion de nos mises. Quel appui que cette prédication ! Quelle force que ce faisceau de convictions ! Quel apaisement pour les « questions sociales » !

Enfin et si telle est sous nos yeux l'influence indi-recte d'un semblable mouvement d'initiative, pour combien ne faut-il pas compter l'action directe, les fondations mêmes qui en émanent ! Hommes et capi-taux se divisent, disons-nous, et agissent dans des centaines d'entreprises. Mais quoi ! Chacune d'elles a son but, satisfait un besoin, constitue pour les populations une amélioration réelle, un bienfait, une ressource, une éducation, un secours, un remède, un progrès, une source nouvelle de pouvoir, de bien-être, de richesse.

Un jour, par exemple, des halles s'élèvent, et elles sauvegardent les produits et facilitent le commerce. L'éclairage au gaz se répand : c'est au profit de la circulation, des habitudes sociales et de la sûreté publique. Aujourd'hui, on draine cent hectares de terre sans valeur qu'on livre à la culture. Le lendemain, travail contraire mais aussi productif, une distribution d'eau assainit un centre de population, arrose à bas prix une culture maraîchère, crée des terres nouvelles, double et triple les produits, épargne tous les ans trente mille, cinquante mille, cent mille journées de travail.

Et, remarquons-le bien, il en va ainsi tous les jours; tous les jours, car depuis que le monde est le monde, l'histoire en témoigne, à la condition que la liberté vive et règne, ce n'est jamais l'imagination humaine qui a manqué aux capitaux, mais les capitaux qui ont failli à l'imagination humaine. Dans ces termes donc, qu'on suive ce mouvement par la pensée et qu'on se figure ce que deviendrait — hommes et choses, agriculture, commerce, industrie, âme et intelligence — un pays qui, pendant dix ans, vingt ans, cinquante ans, serait l'école de ces progrès continus, le théâtre en tous ordres de faits de ces améliorations : n'est-il pas vrai qu'à coup sûr il serait transformé ?

Or, maintenant, est-il bien nécessaire de répéter, à propos de mes projets, notre question de tout à l'heure : « Tout cela était-il utile ? »

Utile ! Eh ! en vérité, que ceux-là tout simplement le disent qui viennent de voir passer sous leurs yeux ce simple aperçu !

Utile ! Que ceux-là le disent que le repos, l'union, la force, la sagesse, la prospérité, le bonheur du pays intéressent et touchent d'un souci patriotique, que les difficultés du temps inquiètent, émeuvent et éclairent, qui en ont assez des révolutions et veulent en finir avec les révolutions et leurs ruines, mais comme on en termine avec elles, c'est-à-dire par le progrès des esprits, le respect des droits, la satisfaction des intérêts, solides gages de la paix publique !

Utile ! Que ceux-là le disent, qui, devant le sillon nouvellement tracé, savent prévoir sans grand effort, au nom de l'expérience et par l'effet d'une élémentaire logique, que le soc encore brûlant de son labeur en ouvrira sans peine vingt autres semblables sur la plaine ; qui, de même, pour avoir vu à leurs côtés dix fondations utiles prendre vie et racine, n'hésitent pas à croire que la même main dont elles sont sorties ait eu la force, en vingt nouvelles années, d'en réaliser vingt autres après elles !

Utile ! Que ceux-là le disent enfin et surtout, qu'ils le disent avec un légitime ressentiment, avec une juste amertume, qui, déshérités de moyens de placements sûrs, honnêtes, livrés pieds et poings liés aux dilapidateurs de leurs modiques et intéressantes épargnes, ont rencontré sur le chemin la gêne, les embarras, parfois la misère, sous toutes leurs formes cruelles, la perte de l'établissement des enfants, celle du pain de la vieillesse, l'obligation de reprendre le travail après l'âge du travail ! Que ceux-là parlent hautement, sévèrement : tous ils sont les témoins et les juges !

V

La part virile

La cause est, à coup sûr, entendue, la lumière
faite, les témoignages décidés ou accablants. Mais,
à présent et au bout de ce tableau, une autre question se pose, question toute naturelle et nécessaire,
eu égard surtout aux sentiments des hommes de
cette époque : au milieu de ces projets, quelle pouvait donc être à mon sens la légitime rémunération
de leur auteur ? Dans ce mouvement d'intérêts
publics, quels étaient son rôle, sa place, sa part ?

Cette question, je le dis tout d'abord, n'a rien qui
m'embarrasse ou me déplaise. Loin de là : je l'attends
et elle m'agrée. Elle est dans la donnée de cet écrit,
heureux de la trouver sur son chemin. Et en effet,

elle aussi, ne ramène-t-elle pas de plus près ma pensée sur quelques-uns de ces jours que le cœur n'oublie pas, que l'honneur revendique ? Ne me rend-elle pas, pour un moment, l'image de leurs fières jouissances ? Elle fait mieux : elle me fournit une occasion de compléter pour sa part ces confidences intimes. Enfin, — et comment ne lui saurais-je pas gré de ce service ? — en dévoilant, elle aussi, un coin de mon âme, elle contribuera sans nul doute à la créance qui appartient à mes paroles, en même temps qu'elle ajoutera, je l'espère, au juste souvenir que j'entends laisser de moi.

Certes, au seuil de ces entreprises où je posais le pied en les comptant au loin du regard, il ne m'était pas difficile d'en pressentir une conséquence toute plausible, pas plus qu'aujourd'hui il ne me paraît difficile de la dire : c'est que si leur début devait éveiller à un certain degré l'attention publique, leur succession, la variété de leurs buts, de leurs idées, de leurs formes se déroulant sans trêve ne pouvait manquer de la frapper d'une impression durable et vive ; que, dès lors, l'esprit humain suivrait vraisemblablement comme partout sa pente et que l'intérêt devait s'étendre des choses à la personne : tôt ou tard, le monde allait offrir ses récompenses mondaines.

Ces récompenses, on sait ce qu'elles sont : d'un côté, des distinctions assez confuses que l'autorité publique confère, tantôt sur ses propres visées, plus rarement sous le conseil de l'opinion ; de l'autre, des rémunérations, il est vrai, plus sérieuses, à savoir les fonctions électives que par une erreur excusable mais coûteuse, nos populations ont jusqu'ici l'habitude d'octroyer comme des faveurs au lieu de les dispenser comme des tâches.

Or, à ces premiers jours, en présence de ces éventualités quelles qu'elles fussent et quels qu'en pussent être aussi les dates et le sort, je ne dirai pas que ma résolution était prise, non, cela sentirait l'effort et je n'en avais pas à faire, mais mon choix était arrêté, mes sentiments fixés et absolus : ces faveurs quelles qu'elles fussent, tôt ou tard et jusqu'à la fin, j'entendais les écarter, je voulais m'y soustraire.

Quelles étaient les raisons de cette détermination ? On ne s'attend pas, à coup sûr, à trouver ici, malgré trop d'exemples, quelque plate allégation d'insuffisance personnelle ; non, et la preuve que je me sentais en état de servir, c'est que pour servir j'entrais dans une autre voie tout aussi difficile. Le veut-on même, eh ! mon Dieu ! je dirai sans détour qu'en parcourant des yeux les appelés ou les prétendants du suffrage, il me semblait que si quelques-uns pouvaient effrayer justement, beaucoup en revanche rassuraient et que le sentiment que suggérait leur vue en général ne pouvait absolument se confondre avec le respect de la supériorité ou l'appréhension de la puissance.

On ne trouvera pas ici davantage l'idée destinée à grandir que les actes honorés par les distinctions de l'Etat, dans la vie civile, ont souvent une tout autre tournure que celle des actions d'éclat ; qu'elles ne ressemblent même pas suffisamment à des services et qu'on souffre sur ce chemin d'assez étranges promiscuités où les cœurs fiers ou délicats ne sauraient guère s'enfler ni se plaire. Ces considérations, je les apprécie et je m'y associe ; pourtant, elles ne comptaient pas pour moi. Ce n'est pas devant elles que je m'arrêtais.

Non. Élevons-nous au dessus des raisons mesquines ou banales, franchissons même la sphère des justes dédains, les vanités, les ironies. Nous voici en présence de motifs d'un caractère bien personnel, qu'on pourra trouver étranges, farouches, jamais bas, hautains, orgueilleux mais portant haut l'aveu de leur orgueil, et se montrant aujourd'hui à coup sûr tels qu'ils étaient, par la bonne raison qu'ils seraient désolés, quelle que puisse être à leur endroit l'opinion du monde, d'avoir été autrement qu'ils ne se montrent.

Je l'ai dit, j'aimais, j'adorais les malheureux. Je me sentais entraîné vers eux d'une séduction toute puissante. Et ce n'était pas là seulement un mouvement de sympathie, un élan du cœur, non. Souvenirs personnels, penchants, lectures anciennes, exemples des grandes figures de l'histoire et prédications de leurs grandes voix éloquentes, exigences des délicatesses morales, leçons désenchantées de la vie, que de choses en moi qui me tenaient le même langage et témoignaient pour le même choix !

Économiste, du fond de ma retraite, je reconnaissais à coup sûr la légitimité et la nécessité de la richesse et je la souhaitais ardemment pour mon pays. De près, je ne supportais pas la vue des agissements qui la préparent, encore moins pouvais-je me résoudre à la souhaiter à ce prix pour moi.

Homme d'expérience, attentif aux leçons des jours qui s'écoulent et aux bruits du monde, comment ne l'aurais-je pas entendu se décriant lui-même de sa voix profonde comme il l'a fait dans tous les siècles, mais jetant par ses accusations de tous les siècles un jour pénétrant sur sa conscience ; disant à la fortune : tu n'es qu'une présomption d'improbité ; au succès : tu es la porte basse devant laquelle, pour passer, le plus petit comme le plus fier doit consentir à courber la tête ?

Moraliste, à mes yeux comme dans la pure doctrine de l'Eglise, la possession était la pierre de scandale contre laquelle buttait à tout moment, non pas seulement la perfection religieuse mais la simple honnêteté civile. Elle était le défilé périlleux, l'abri sourd, le milieu difficile où naissent d'une façon tellement inévitable que j'allais jusqu'à leur adresser le reproche accablant d'être sans reproche, l'endurcissement, les cruautés, l'égoïsme, l'oubli inconscient d'autrui, et la parole du Christ : «Donne tes biens et suis moi, » me semblait par-dessus tout la vraie parole. Au contraire, la pauvreté, qu'était-elle ? Elle était l'épreuve dure, ardue mais ennoblissante, où le cri des besoins remplaçait le culte du bien-être, où le courage, les privations continues, le labeur persévérant l'emportaient sans peine sur la vie oisive et la mollesse inutile, où le souci de la vie à tout moment tendue, souvent compromise, effaçait de bien haut la recherche à tout moment renouvelée du plaisir et des jouissances de la vie. Dans sa détresse, don sans égal ! elle avait les mains pures du bien d'autrui. Par combien de liens de mon intelligence ne tenais-je pas pour elle !

Mais, chose plus singulière et plus rare parmi les

hommes, ce choix irrésistible pour le malheur qui s'imposait à moi dans le spectacle journalier du monde, je le faisais aussi quand il s'agissait de moi-même. Le malheur, quand il se présentait à ma pensée, c'était sous les traits d'un devoir, d'un acte de fidélité à la vie passée, comme le partage consolant d'un ancien fardeau et, accoutumé que j'étais à la peine, je n'avais ni l'idée ni l'envie de lui disputer le prix dont il faisait payer sa noblesse. Faudra-t-il enfin descendre plus avant encore au fond de moi-même ? Eh ! bien, il est vrai, fortune, succès, bonheur, avantages du sort m'apparaissaient comme inutiles et presque coupables. Inutiles, car qu'était-ce qu'une couronne, qu'elle fût de bronze ou de lierre, si dans la maison vide nulle main affectionnée n'était plus là pour la recueillir et si elle était condamnée du premier jour à se faner ou se ternir près d'un âtre désert ? Coupables, car toutes ces choses qu'étaient-elles, sinon des fêtes de la vie, et comment ne pas trouver une sorte de remords dans la participation à ces fêtes au cours d'un deuil que j'aimais à concevoir éternel ?

Et c'est ainsi que déjà par ces premiers motifs, les ambitions et les faveurs du monde m'inspiraient plus de répulsion que d'envie ; ainsi qu'à l'exemple d'un esprit hautain de ce temps, je me serais volontiers promis de n'être jamais riche ; ainsi que quand, sollicité par quelque hasard, je me suis trouvé un moment porté sur ses routes enviées, je n'ai ressenti qu'un attrait sans force à la vue de ces minces terres promises des hommes ; qu'à mi-chemin, j'arrivais vite à me demander : à quoi bon ? est-ce la peine ? et que rentré dans ma solitude, je me disais en replaçant ardemment sa dure main sur moi : Eh ! bien, non, je ne veux pas du succès ; je ne veux pas du bonheur ; que ma vie soit ainsi : il le faut. A ce prix seul elle peut être fière et contente de soi, honorable et tranquille.

Ce n'est pas tout encore. On l'a vu par nombre de ces pages, le sort de l'humanité, les intérêts des multitudes occupaient et parfois tourmentaient mon intelligence. L'idée de la patrie m'exaltait : c'était une flamme, un amour. L'espoir de servir mes concitoyens m'armait d'ardeur, d'enthousiasme, et pendant bien longtemps mon cœur se fondait à la seule pensée de jeter quelque bonheur autour de moi. Mais en même temps, il faut bien le dire, le contact précis du monde ne me laissait qu'amertume, dégoût, sévérités, colère ; mais ces êtres que j'adorais de loin comme un Wilberforce, un Channing, un Vincent de Paul, de près ne suscitaient en moi que les indignations et les désespoirs d'Alceste et si plus que lui j'aimais l'humanité, comme lui, autant que lui peut-être je détestais et méprisais les hommes.

De là, le ferme propos, le dessein prescrit, accepté, sûr de lui-même d'être fier, franc, probe, grand même, car à qui la grandeur morale n'est-elle donc pas permise, moins peut-être par amour de la probité, de la grandeur, de la sincérité qu'en haine et dégoût de leurs hypocrisies, de leurs injustices, de leurs bassesses.

De là bientôt ce préjugé très-fort que faire autrement qu'eux était par cela seul mieux faire, et qu'à prendre en tout et partout le contrepied de leurs actes, on se rapprochait rien que par là même de l'honneur et du droit; de telle sorte que l'idéal éclatant, impérieux que le monde projetait dans ma retraite était par-dessus tout de ne lui ressembler en rien et de n'y tremper jamais.

Et alors, sous ce jour, ma suprême envie se fixait à ne rien vouloir de tout ce qu'on envie, ma fierté à se garder de tout ce dont on était fier, et mon ambition, la seule qui en valût la peine, m'apparaissait dans le dédain de tout effort pour ce qu'on ambitionne. Comme pour le chrétien des siècles de foi, sous l'empire de tout autres mobiles mais avec un égal contraste, vœux, appréciations, considération, prix des choses, sources de l'honneur, dignité réelle, éléments de l'élévation personnelle, satisfactions, récompenses, tout se retournait, se renversait au rebours de l'opinion du monde.

Pour vous, pour les vôtres, lui disais-je en moi-même, l'attrait et la mesure, c'est l'accumulation de vos éclats conventionnels. Mais combien ne marque donc pas davantage la simple bure prononçant opiniâtrément sa tache altière sur le clinquant de vos foules ! Ce ne sont pas des foules ? Eh ! qu'est-ce donc, à vos yeux même, que la classe la plus savamment, la plus orgueilleusement limitée de vos dignitaires en regard de quelques hommes isolés qui, deux fois par lustre peut-être, auront simplement et silencieusement délaissé, fut-ce les plus simples de vos dignités mises à leur portée ? Somme toute, se distinguer, est-ce se tirer à l'écart ou bien n'importe où, se mêler, se confondre ? Non, non, écarter sans faste quelques-unes de vos frêles vanités, ne lever la main pour aucune est encore le meilleur trait d'une vie fière. Ce sera, je le veux, la réplique dédaigneuse, l'exemple peut être et dans tous les cas l'originalité de la mienne.

Enfin, à ces mobiles que je sentais si forts, si séduisants parfois et si doux à suivre malgré leurs tristesses, à cause même de leurs tristesses et qui m'interdisaient, fut-ce malgré moi, la voie des ambitions communes, il s'en ajoutait un autre encore qui tenait au plus profond de mon être. C'était ce désir violent, né un jour dans ma pensée, de laisser un certain souvenir de moi et le vœu que j'avais formé de mener ce souvenir aussi près que possible de l'idéal que j'avais conçu pour lui. A ce point de vue, puissances du siècle, fonctions officielles, faveurs mondaines n'étaient rien qu'une entrave. Elles altéraient ce souvenir souhaité. Avec elles, il était perdu.

Il était perdu et en effet avec elles, à quel point la tâche qui devait le mériter et le créer à son image, à quel point cette tâche ne se fût-elle pas trouvée déplacée et dénaturée ?

Voulais-je, mais cette fois dans quelque enseignement officiel à l'adresse des classes supérieures de la population, continuer mon œuvre de prédication sous les auspices de ma même devise : « apprendre et répandre ? » Ah ! dans ces conditions nouvelles, comme tout était changé ! Certes, ce n'est pas moi qui méconnaîtrai jamais la profonde insuffisance des classes élevées. Je suis parfaitement d'avis, avec la plupart des esprits libéraux de ce temps, qu'il est difficile de mettre plus qu'elles d'apathie et d'ignorance, je ne dirai pas à remplir une fonction sociale, mais à y faillir.

Quelle différence pourtant entre les instruire et instruire les classes nombreuses ! Elles sont insuffisantes ? Mais quoi ! Ici c'est l'absolu dénûment. S'il faut s'applaudir d'améliorer le sol, qu'est-ce donc que de défricher une terre nouvelle et de l'appeler à la production et à la vie ! Avec elles, tout accuse et condamne l'erreur : négligence volontaire au milieu des ressources, étourderie coupable au milieu des conseils, préjugés intéressés, égoïsme et lâche amour des jouissances et du repos, aveuglement délibéré près de la lumière. Au sein des classes nombreuses au contraire, comme tout l'excuse ! impuissance, abandon, défaut de temps et d'aide, absorption par les besoins et le travail du jour. Ah ! qu'il y a loin, n'est-il pas vrai, d'une prédication à l'autre, d'un labeur à l'autre, pour l'attrait, l'étendue des résultats, l'appui prêté, le service rendu ! Qu'il y a loin aussi, au point de vue de l'intérêt général, de ce qu'on fait pour lui, de ce qu'on lui donne, surtout si l'on songe qu'éclairer est apaiser et qu'à ce compte, la lumière est cent fois plus utile là où l'apaisement est plus nécessaire, là où le défaut d'instruction, entouré de ces filles redoutables qui s'appellent les violences, les émeutes, les révolutions, s'élève aux proportions d'un danger public !

S'agissait-il des institutions du pays et du devoir

de les améliorer, des droits politiques des citoyens et du soin de les étendre ? Oh ! certes, c'est un rôle important que de contribuer à ces progrès dans l'administration ou dans les Chambres. Et toutefois, en regard de l'administrateur qui, dans quelqu'un de nos départements, s'emploie à faire prévaloir une politique même honorable et utile, au milieu d'attributions mêlées de dignité et de police générale, d'initiative et d'obéissance aux instructions, de maintien de la loi et du droit et de ménagements exactement proportionnels aux influences et à la fortune ; en regard même de l'homme qui, après avoir réussi à pénétrer dans l'une des assemblées, devient pour un cinq-centième l'un des rouages de la politique nationale, des grands intérêts du pays et de la confection des lois, placez donc l'écrivain, seul, actif, ardent, infatigable, armé d'influence et de foi, dévoué à la cause populaire, qui prépare, inspire, persuade, conquiert, attache, consolide ! Vraiment, est-ce que devant le premier celui-ci s'efface ?

D'un côté, on écoute l'opinion, les volontés, les aspirations, les intérêts ; on écrit, on promulgue. Soit ! Mais, de l'autre, on dicte, on mène, on fait souhaiter, comprendre et aimer les droits, on apprend et on accoutume à s'en servir, seules forces qui les amènent, les implantent, les enracinent, les mettent à l'abri des séductions ou des confiscations de la fourbe et de la force ; on remplace les bulletins par des hommes et des citoyens, les chartes par des faits, le papier par des réalités agissantes et vivantes. Où est, qu'on le dise, où est le rôle véritablement original et grand ? Où se puisera la plus vraie mémoire ?

Nous tournons-nous du côté si considérable de l'extension de la richesse et du bien-être ? Quelle différence encore ! A Dieu ne plaise qu'il manque ici à cette page un hommage mérité pour notre bourgeoisie française si économe, si rangée, si vigilante d'intention, même dans ses erreurs, pour la préservation et le maniement des capitaux du pays. Et cependant, ne faut-il pas redire ici encore : entre accroître et pourvoir, entre grandir et naître, entre l'insuffisance et le dénûment, entre l'extension de la vie et l'appel à la vie, entre l'homme enfin qui, là-bas et là-haut, avertit, garantit, enrichit, multiplie et accumule la richesse, et celui qui, mêlé au peuple, préoccupé du peuple, aimant le peuple par les entrailles, s'évertue à le sauver de sa détresse, prêche et amène son avénement à la propriété, ah ! pour l'attrait, l'émotion intérieure, l'appui prêté, le service rendu, pour le souvenir enfin, quel intervalle !

Chose plus singulière, plus inattendue à coup sûr, c'est que le même choix s'impose ici encore, non plus seulement au point de vue du bien-être des populations, mais à celui même de la puissance industrielle d'un pays et de la multiplicité de ses entreprises.

Quoi ! Est-on tenté de dire, est-ce possible ? Est-ce que dans ce dénûment des classes laborieuses, tout ne va pas s'absorber en satisfactions utiles et saines peut-être, mais, enfin en satisfactions de besoins criants ? Est-ce que les classes en possession d'un large superflu ne sont pas seules aussi en mesure de fournir les larges forces disponibles ? Compter sur la mince épargne du pauvre, n'est-ce pas aller chercher le calorique dans le glaçon au lieu de le prendre au bord du cratère ? Eh ! bien, non ! non, rien en quoi que ce soit ne réussit qu'à l'aide du grand nombre, témoin · l'armée, témoin l'impôt, témoin, entre cent exemples, le succès universel des impôts indirects, témoin l'avortement universel et partout ridicule des impôts somptuaires.

Voulez-vous accroître dans des proportions colossales le chiffre de vos œuvres communes, n'allez pas recourir aux capitaux exceptionnels qui, réunis dans une seule main, sont toujours rares et chers. Pour tailler des poutres de grande portée, laissez la recherche longue et coûteuse des arbres immenses. Non ; mais au moyen du système actionnaire étendu jusqu'aux vastes limites de l'aire démocratique, appelez au droit industriel les millions d'épargnes déshéritées jusqu'ici du droit industriel, comme autrefois des millions de citoyens étaient exilés du pays légal. Unissez-les en grandes masses serrées, puissantes, irrésistibles au service de la prospérité commune. Pour votre pouvoir et votre fortune, comme pour son intérêt et son orgueil, élevez à la dignité vraie de collaborateur du bien public ce tiers d'une autre époque qui n'était rien, qui veut faire et qui peut tout faire. Avec ces capitaux imperceptibles et jusqu'ici dédaignés des classes nombreuses, allez, ne craignez point : ressuscitez sans peine l'ère des miracles, faites des leviers à mille bras dont les divisions ni les soudures n'amoindrissent la force, vos poutres immenses avec des branches prises au foyer, vos blocs et vos assises avec la poussière des petites épargnes ! Là est le but, la voie. Là est la véritable nouveauté, le précieux et incomparable service.

Et, croyons-le bien et proclamons-le bien haut : désormais, rien de grand ne se créera parmi nous sans le concours des classes nombreuses. Rien ne marquera, dans notre société nouvelle, sinon les œuvres qui porteront leurs fondements au sein de ces couches profondes. Rien ne vaudra, loin, bien loin des titres d'autorité, des petites fièvres d'avan-

cement, des ambitions personnelles, que les dévouements libres, spontanés à leurs intérêts et à leurs
causes. Là enfin, là toujours mais là seulement aussi,
naîtront à l'avenir les souvenirs respectés ou touchants, dignes d'affection et d'envie, méritant de
vivre, appelés à vivre, sûrs de vivre.

Mais, par un retour plus extraordinaire, inaperçu
et qui va surprendre, les situations officielles, la fortune, les pouvoirs et les distinctions du monde
frappent leurs favoris d'un autre genre de déception.

Et en effet, pour quiconque veut agir et marquer
par l'action au sein de nos sociétés actuelles, qu'est-
ce donc que la fortune, les fonctions ou les pouvoirs
publics, les distinctions sociales ? Oh ! sans doute de
très-grandes forces, de très-grands et très-profi-
tables secours : moyens de forcer et d'abréger le
temps, d'élargir la sphère d'action et d'influence,
de réunir, d'accumuler, de presser les matériaux,
les ressources ; de maîtriser les choses et d'entraîner
les hommes au service de son intérêt ou de son idée ;
instruments solides et merveilleusement puissants
pour écarter les obstacles, pour accroître, sur des
proportions énormes, avec un même effort les résultats de l'effort. Devant elles, comme tout s'aplanit,
se soumet, obéit, s'empresse ! Ne semble-t-il pas
qu'elles agrandissent sans peine et sans mesure la

renommée des hommes et ce qu'on pourrait appeler, comme pour les astres, les dimensions apparentes de leur image aux yeux des populations de leur temps ?

Eh ! bien, oui ! mais en revanche, quels doutes ! quels déguisements ! quels mensonges ! quelles méprises : quelles confusions blessantes ; quels amoindrissements véritables ! Quelles tromperies qui reconnues sur un point, compromettent la foi sur tout le reste ! Dans les créations heureuses placées sous le nom de cet homme, qui dira ce qui appartient à son intelligence ou aux influences à son service, à son habileté ou à sa fortune ; au mérite, à l'habileté, à la persévérance ou à la fonction ; au caractère ou à la flatterie publique ; à la personne ou à ces mille prolongements de la personne ?

Il a réussi, dites-vous, il a marqué en ce monde, il a réalisé quelques grandes choses ? Qu'eût-il fait sans ces appuis étrangers ? Le bloc est énorme, la trace profonde : quelle est la part du bras ou du levier, de l'homme et de ce qui n'était plus l'homme ? Imposante est la place qu'il occupe au soleil : où est le corps et jusqu'où vient l'ombre ? Haute est cette mémoire au bord de l'horizon de l'histoire ! Eh ! bien, oui ; mais dites-moi : où commence la statue ? où finit le piédestal ?

Et c'est ainsi, encore une fois et toujours, qu'entraîné par ces nouveaux courants, sous l'empire de tant de motifs, les objets de l'ambition des hommes ne m'attiraient point ; ainsi encore une fois et toujours, que la conception de mon esprit était devenue tout autre ; qu'elle en prenait à vrai dire le contre-pied ; ainsi que j'applaudissais à la décision du sort qui m'avait tracé de lui-même une autre vie, loin de ces mécomptes. Un autre, marqué celui-là du doigt du génie, n'avait-il pas dit un jour que si son verre n'était pas grand, il buvait dans son verre ? Eh ! bien, moi aussi, j'entendais que mon œuvre fût mienne. Durable ou éphémère, grande ou humble, assise de pierre ou grain de sable, je voulais qu'elle ne relevât que de ma main ; que ma force seule y donnât sa mesure, et que si un jour on cherchait l'homme derrière elle, ce qu'on y trouvât ce fût moi, bien moi, rien que moi.

Est-ce à dire que mon désir fût d'agir seul, et que cette sorte de mensonge qui s'attachait dans ma pensée au contact des assistances étrangères dût comprendre également le concours qu'il m'était permis d'attendre des hommes ? Oh ! loin de là ; on a pu le pressentir déjà par quelques-unes de mes paroles. Et comment en effet considérer de même des choses si différentes ?

Est-ce que ce concours des hommes attirés dans

une œuvre, pour en partager les travaux et l'honneur, masque l'action personnelle comme les influences ou la fortune ? Tout au contraire ; il l'accuse, il la révèle ; il en est un témoignage. Est-ce que comme elles, il en défigure l'étendue ? Non. Il en serait plutôt l'attestation la plus éclatante et l'une des mesures les plus vraies. Est-ce que le général serait effacé par hasard quand exalté par le patriotisme, le mépris des fatigues et de la mort, il fait passer son âme entière dans sa brigade ou son armée et en obtient des prodiges ? L'orateur serait-il trahi aux yeux de l'avenir parce qu'entouré par ceux qu'il appelle, il les emporte dans les résolutions qu'il a conçues ? Et comment le maître serait-il amoindri par le nombre, l'ardeur, le dévouement des disciples ? Non ! Ce sont là les marques mêmes de leur pouvoir, un rayonnement même de leur action et de leur personne. Eh ! bien, ainsi en est-il pour les simples projets d'améliorations sociales, et les collaborateurs que j'entrevoyais dans l'avenir étaient pour moi, avec le premier effort, la victoire du premier jour et la première conquête.

Aussi les mêlais-je avec plaisir à mes projets dans ces premiers rêves. Aussi les aimais-je. Dans un pays si restreint, si bien connu, je pouvais les compter à l'avance. Je les nommais par leurs noms et alors, de

même que j'appliquais ma pensée à bien prévoir,
tous les éléments de réussite d'une entreprise, je me
plaisais à deviner leurs travaux avec leurs penchants,
leurs succès avec leurs aptitudes. C'étaient les moments heureux succédant aux heures laborieuses.
Bientôt, en les suivant des yeux, j'entrevoyais dans
l'avenir les justes rémunérations que leur parta-
geaient les populations dans leur gratitude. Et pourquoi ces rémunérations ne fussent-elles pas venues?
N'étaient-elles pas leur droit? N'en étaient-ils pas
bien dignes? Pourquoi ne les eussent-ils pas reçues?
Appartenant au monde, pourquoi n'auraient-ils pas
accueilli ces légitimes satisfactions du monde? Leur
esprit n'était pas en deuil. Pourquoi auraient-ils repoussé ce qu'ils pouvaient accepter sans reproche?

Et moi? Oh! moi, c'était autre chose. Je ne voulais pas et je sentais que je ne pouvais pas les suivre.
Ascète volontaire, contempteur obéissant, tout mon
être tendait vers un autre pôle, se jetait ardemment
sur un autre chemin. Sans famille et armé par suite
de toutes les heures qu'endorment les joies de la
famille, libre d'ambition, libre d'intérêts, quand tout,
autour de moi, fléchissait sous le poids des intérêts
et des affaires, supérieur non par l'intelligence mais
par mon isolement plus encore que par ma jeunesse
et mes habitudes de travail, mon devoir à moi, il

était bien simple : c'était de donner sans peine, sans mérite et sans le dire une vie dont je ne savais que faire et que ne réclamait personne.

Éternel besoin pourtant de l'âme humaine ! Passion d'aimer et d'être aimé ! Tourment de la solitude même pour les âmes les plus fortes et les plus durement atteintes ! Eh ! bien oui, je le confesse, ce détachement complet je n'y atteignais pas toujours. Moi aussi, je cédais à un désir secret. Moi aussi j'avais ma convoitise. Parfois, au fond de l'âme, je me disais qu'un jour devait venir après des années où ces concitoyens objets de mes efforts apercevraient dans la nuit la lampe de travail derrière le rideau pâle ; qu'ils chercheraient une main de plus aux derniers plans de l'édifice, le collaborateur volontairement effacé, au milieu de tous les autres. Et alors j'entrevoyais en les caressant de douces choses qui me saisissaient jusqu'au cœur. Tous ces hommes sans me parler se pressaient autour de moi comme des amis. L'ouvrier que je croisais sur le chemin me saluait d'un air qui voulait dire : celui-là, j'y crois et je l'aime. Les petits enfants me suivaient des yeux quand je passais et je devinais en tressaillant dans leurs grands yeux étonnés, pleins d'interrogations muettes, que sans comprendre ils avaient entendu parler de l'homme de bien par leurs mères.

Jours de faiblesse toutefois que ceux-là ! Faiblesse que les circonstances devaient étouffer vite ; faiblesse qui devait céder devant les conditions jalouses de la réussite des entreprises ; faiblesse que tout le premier l'esprit farouche du devoir repoussait ! Et alors se levait au-devant de moi l'idéal seul, pur, sévère, inflexible.

L'idéal, c'était d'abord de ne jamais trahir la foi du chagrin, de n'oublier jamais qu'on n'avait pas défendu ce qu'il n'était plus temps de défendre, de payer jusqu'au bout la dette impitoyable de la peine, de demeurer jusqu'au bout ferme, inexorable pour soi sous le drapeau mortel.

L'idéal c'était aussi de faire ce que n'avait fait personne, de garder pour sa part virile la charge de tout préparer sans apparaître, d'être l'âme de toutes choses, mais s'il était possible l'âme ignorée à jamais. C'était encore, quand les autres avaient leur récompense « habent mercedem suam, » de n'avoir pas de récompense, de défier, de repousser, de renier toute récompense ; c'était enfin, par une orgueilleuse opposition aux habitudes ordinaires des hommes où se cachait une séduction suprême, c'était, alors que tant d'autres se pressaient à l'honneur qui ne s'étaient point trouvés à la peine, seul, tout seul, d'être tout à la peine et point à l'honneur.

Et malgré tout, oui sans doute un jour devait venir où le monde étourdi reconnaîtrait le désintéressement, les services rendus, la sincérité, le dévouement, la persévérance, où l'on apercevrait qu'on avait eu tort de douter, de repousser, de ne pas croire, où trop tard on se sentirait le cœur un peu serré peut-être à la pensée d'une erreur à son tour irréparable. Mais pour que cette justice fût faite il fallait... il fallait mourir.

Le jour avait sa date et son heure. L'heure c'était quand je serais dans le cercueil près d'un autre cercueil.

DEUXIÈME PARTIE

———

ANCIENS JOURS

———

COMMENT S'ÉTEINT LE DÉSIR D'ÊTRE UTILE

3...

I

Rebuts et Insultes

Qu'est-il advenu de ces résolutions, de ces rêves d'idéal tendre ou stoïque ? Que sont devenus ces sentiments et ces serments des jeunes années, cette passion d'être utile ? Où sont passés enfin ces projets, leurs fruits, leurs espérances ?

Ce qu'ils sont devenus ? En vérité, leur histoire a été une assez triste histoire, triste par vingt traits d'hostilités, par l'inégalité de la lutte, triste par sa marche, son dénouement, ses conséquences qui ne sont pas finies. Or, cette histoire, faudra-t-il la dire ? Un jour, oui peut-être, car tout instruit, tout porte, il n'est rien d'inutile. Mais ici, aujourd'hui, non ce n'est pas le lieu. D'un côté, par nombre de ses détails elle ne réussirait pas à garder le ton de cet écrit qui doit rester jusqu'au bout dans son atmosphère sérieuse. D'autre part, il importe de ne pas nous attarder à ces misères.

Ce que je dois dire uniquement aujourd'hui, c'est que pour ce qui me concerne, le but a été atteint, la tâche remplie. J'avais donné parole ; j'ai tenu parole.

Et en effet, est-ce à mi-chemin de la vie que mon souvenir s'arrête, c'est-à-dire à cette période même de tentatives dont j'ai parlé ? J'ai l'assurance qu'elle a fait son œuvre. Simple, dévouée, conciliante, dépourvue de visées personnelles, elle a été laborieuse sans se ménager, libérale, généreuse pour autrui, dure pour elle-même.

Est-ce tout à fait jusqu'à l'heure présente que, partant des premières années, je ramène mes regards ? D'un bout à l'autre, où qu'ils se portent en arrière, mes regards sont confiants, tranquilles. Ce qu'ils rencontrent ce sont partout les opinions, la conduite, les qualités promises : la raideur vis-à-vis des forts, avec le respect et l'affection pour les humbles, l'insoumission absolue à toute autre hiérarchie que celle de la valeur morale, mais le respect absolu partout et toujours de la valeur morale, l'amour et la pratique du juste, nulle part le souci du gain. Si loin que je cherche, si près que j'arrive, nulle part je ne trouve un jour, une heure où je me sois courbé devant qui que ce soit pour demander fût-ce mon droit même; pas un jour, pas une heure où ma tête se soit inclinée devant un homme.

Donc j'ai juré et j'ai été fidèle. Dans l'un et l'autre temps, la main a tenu ce qu'avait rêvé l'intelligence, ce qu'avaient annoncé les lèvres. A cette heure, où ma vie va pencher sans regret vers son déclin, je puis le dire : la vie sans tache, elle est faite.

Mais si j'ai vu se réaliser le programme de ces anciens jours pour tout ce qui dépendait de moi, en a-t-il été de même en tant qu'il devait prendre pied dans le monde et relevait de lui? J'ai fait ma tâche : le monde a-t-il fait la sienne? Ah! ici, quelle différence!

Sans doute, il a donné malgré tout la considération et l'estime. Eh! vraiment, il eût fait beau voir qu'il ne les donnât pas! Comment d'ailleurs aurait-il pu faire? Est-ce que l'estime est volontaire? Non, elle s'impose aux intelligences, malgré les intérêts, malgré l'hostilité, jusque malgré la haine. On s'en défend? elle pénètre. On la dissimule ? au fond elle existe, et parfois elle éclate. On veut lui mentir? on n'ose. On ose, on ment, soit! et malgré soi on la ressent, on la professe. Le monde, en somme, n'a donc rien donné. A vrai dire, en cela il ne s'est même pas honoré en payant une dette : il a vu ce qu'il ne pouvait pas ne pas voir.

En revanche, pour tout ce qui restait en son pouvoir, quel deni de justice ! Tolérance, liberté d'agir et de servir, assistance, sympathie, équité, entente de son propre intérêt, il a tout refusé. Études sérieuses, projets utiles, espérances désintéressées, il a tout paralysé, tout étouffé. Comment cela? Oh ! d'une façon simple et sommaire.

On sait le pouvoir de l'administration dans notre pays. Il n'est guère d'hommes, je pense, qui n'en aient senti le poids au moins une fois dans leur vie. Elle se dresse à toutes nos avenues. Par elle, toutes nos avenues sont bridées. En toute chose elle peut tout, et sans elle rien n'est possible : cela est chez nous de tous les temps. Ainsi que me le disait il y a quelques années un administrateur assez bien en cour, avec une naïveté que sauvait heureusement une forte dose d'effronterie : « Rien ne saurait se faire que l'administration ne veut pas permettre. » Or, si cela est vrai à presque toutes nos époques, à quel point ne l'était-ce pas pour celle où nous nous reportons, c'est-à-dire à la période d'ascendant et de toute-puissance du second empire?

Et alors que se passa-t-il? Il se passa qu'en présence du premier projet, sur l'opposition d'une municipalité inintelligente et jalouse, l'administration marqua qu'elle ne voulait point. En un tour de main,

tout était dit, dit pour celui-là, dit pour tous les
autres visiblement assurés par avance du même destin. La preuve était faite, l'impossibilité avérée, le
mur infranchissable.

Était-ce là un coup cruel ? Oh ! oui, dans le premier moment il l'était sans aucun doute. Apprendre
tout à coup, contre toute raison, qu'il est jugé mal-
séant de se rendre utile à son pays, se voir repousser froidement, durement, par ceux-là mêmes qui
ont besoin d'être aidés et que l'on aide sans rien demander, sans rien vouloir en échange, ce sont des
aventures qui valent bien quelque surprise. Et comment, sans un certain serrement de cœur, perdre en
une heure un rêve où l'on a pensé trouver pour la vie,
l'honneur, le contentement et la paix ? Cela rappe-
lait tout ensemble le regret du toit qu'on abandonne,
de l'affection chère qui se dérobe ou qu'on perd, de
l'enfant, tout espérance, qui disparaît ; de la carrière
qui s'interrompt ou s'anéantit.

Cependant, à ne considérer que lui, une circonstance le rendait plus tolérable, c'est que l'épreuve
du moins n'était pas blessante et que la faute portait avec soi sa peine. D'une part, les refus administratifs, entourés de circulaires de tous les sens et de
précédents sans nombre qui ressemblent à un cortége de compagnons d'infortune, prennent un air de

respect et de fatalité, d'indifférence personnelle et
de bonhomie qui désarme. D'autre part, la mala-
dresse était si grossière et si coûteuse que la consolation, le sourire même venaient vite après la surprise. Tout ce qu'on pouvait songer à lui dire, suivant l'humeur et l'heure, c'était le mot acerbe d'un
polémiste éloquent : « Il me suffit, Monseigneur,
d'avoir raison, » ou le mot moqueur d'un homme
d'esprit : « Monseigneur, j'attendrai. »

Mais au-delà du mur d'airain, il y avait quelque
chose ; quelque chose que je n'aperçus pas d'abord
et qu'après l'avoir aperçu je ne voulais encore ni
comprendre ni croire. Au-delà de l'obstacle admi-
nistratif, il y avait des influences qui l'avaient sollicité dans l'ombre et suscité en cachant leur main.
Et ces influences elles-mêmes, qui les armait? Cent
sortes de sentiments malsains : défiance et soupçons
injurieux à côté des préjugés hostiles et des basses
jalousies, ridicules vanités personnelles, inquiétudes
puériles, crainte d'être éclipsés, esprit de ruse et
esprit de domination.

Qu'est-ce, disait-on, que cet amour passionné de
l'indépendance devenu la règle et le but de toute une
vie? Eh ! vraiment, est-ce qu'il n'y a pas des biens
plus solides : les intérêts, les plaisirs, le soin sacré
de l'avancement, le désir nécessaire de l'aisance?

Nous les avons bien poursuivis ou atteints, que ne
les poursuit-il ? Allons, qu'il s'y range et d'avance
on lui pardonne ! Il n'a pas de besoins ? État violent
où l'on ne se jette pas sans motifs ; état suspect, méprisant pour autrui, inquiétant pour autrui. Qu'est-ce,
sinon s'armer en guerre ? qui s'arme conspire, qui
conspire menace. Quoi ! un homme échapperait, sur
lui on n'aurait pas de prise ? Mais c'est un manque
d'égards, un exemple pernicieux, une offense, une
forfaiture !

Somme toute, il n'est dans une société sortable
que deux conditions régulières : commander ou
obéir. Commander, c'est nous ; obéir, c'est le lot des
autres. Qu'est-ce alors que peut être l'indépendant
au milieu de tout cela ? un transfuge ? un réfractaire ?
Vous ressuscitez les grands mots, les vieux mots :
on ne s'appuie que sur ce qui résiste ; valeur morale ;
dignité des hommes ! Nous avons su tout cela. Nous
avons à bon droit oublié tout cela. La dignité, on
sait que c'est notre affaire ; mais à présent sur l'autre
bord, qu'on s'arrange pour avoir l'esprit de discipline ! Oh ! l'esprit de discipline, il faut comme nous
être « des hommes arrivés » pour comprendre cette
éternelle sauvegarde des sociétés. Tout est là. Qu'on
viole la loi, mais qu'on soit soumis ! qu'on friponne,
mais qu'on rampe ! Un bon valet vaut cent raison-

neurs. Comme le feu, la soumission purifie. Ayons des gens moins fiers mais plus tranquilles ; et, croyez-nous, n'empêtrez pas trop nos populations de valeur morale, car servir est le but, et certes cette valeur-là ne les prépare pas à servir.

Vous nous parlez de vérité ? Avec elle, quelle serait la société possible ? De probité ? Oh ! certes, nous savons ce qu'elle rapporte quand on a le bonheur de la trouver en face de soi en affaires. Mais la probité exigeant son dû après avoir payé le nôtre, mais vigilante, mais indiscrètement militante pour le dû des autres, mais hautaine, offensante, importune par sa franchise, ses yeux ouverts, ses étonnements, ses silences, ses exemples, par sa seule présence ; mais se refusant orgueilleusement à rassurer le commun des hommes en s'associant, fût-ce d'un pas, à l'allure commune, fût-ce d'une tache aux vilenies communes, et bientôt peut-être conduite par son orgueil à ne respecter que ce qui est respectable, sachez-le bien, elle n'est rien moins que destructive de toute saine hiérarchie, rien moins que l'un des dissolvants impiés de l'état social !

C'est là pourtant qu'était tombé alors un pays affolé par les révolutions, abêti par la peur soigneusement entretenue. C'était là, non le langage, mais la pensée secrète échangée parfois au sein d'un parti de gouvernement qui prenait la réaction et la compression pour une forme de politique. C'était là enfin que s'était abaissée, sous la triple et mortelle corruption des intérêts, des jouissances et du despotisme, cette bourgeoisie si éclairée, si sensée en 1789, si ferme alors, si belle, si méritante, si courageuse, si digne de donner d'illustres ancêtres à ses fils, si ses fils étaient restés dignes d'elle.

Après tout, disait-on encore, savez-vous ce qu'il y a au fond de tout cela ? Eh ! bien, c'est un ambitieux. La route est différente, détournée ; la fin est la même. Soyez tranquilles, ces sentiments désintéressés on va les poser par terre au travers du premier carrefour. Certes, le déguisement est habile. Si dans un cas pareil la nouveauté est l'art suprême, oh ! alors, le moyen est à faire envie : sincérité apparente, originalité, caractère touchant, séduisant, élévation, pathétique, rien n'y manque. Mais ce n'est pas nous qu'on trompe dans l'art souverain de tromper les hommes, et nous savons, pour cause, que les Sixtes-Quints ont plus d'une sorte de béquilles. Aujourd'hui, on n'ose avouer ses prétentions : demain, je crois, Dieu me pardonne ! qu'on lèverait le masque sur nos terres !

Vraiment ! répliquais-je en moi-même. En est-il ainsi, croyez-vous ? Et pourquoi, si j'avais ces am-

bitions, ne les dirais-je pas ? Il est donc bien outre-
cuidant d'oser lever les yeux sur ces Olympes où
marchent de plain-pied les dieux du monde ? Ces
hauteurs sont-elles donc si hautes ou ces favoris si
grands qu'on ne puisse aspirer sans déraison ou s'éga-
ler sans ridicule ? On n'oserait, dites-vous ? Et pourquoi donc ? Est-ce par peur de votre ressentiment ou
par frayeur de vous déplaire ? Frapperiez-vous sans
droit ? Séduisez-vous l'intelligence ? Êtes-vous lâches
enfin, éblouissants ou redoutables ? Quand je vous
parle de voies qui ne sont pas vos voies, vous ne me
croyez pas ? Il ne vous entre pas dans l'esprit qu'on
puisse concevoir pour ambition celle-là même de
n'avoir pas les vôtres; et vous parlez alors de ruser,
de biaiser, de désavouer, de mentir ?

> Je voudrais bien savoir qui pourrait me contraindre
> A descendre pour vous aux bassesses de feindre.

Parfois, ces accusations montaient d'une source
plus profonde et prenaient un ton plus âpre, celui
du ressentiment aiguisé par la peur.

Il aime, dit-il, il aime à la passion les déshérités
de ce monde ? Vous l'entendez, il est contre nous.
Vis-à-vis des forts, il se redresse de toute sa hauteur
et ne romprait pas d'une épaisseur de tête. Au contraire, devant les petits, les faibles, il est doux,

attendri, il s'incline. Quelle audace! quelle perver-
sion du sentiment respectif des droits! C'est aux
humbles qu'il tend les mains, vers les malheureux,
les souffrants que son cœur se porte? Dites, est-ce
assez clair?

Les humbles, ce n'est pas nous. Malheureux? A
Dieu ne plaise! Vous rappelez-vous alors ce séditieux « Mon ami, ce n'est pas le Roi, » que chantait
Béranger? Qui ne croirait entendre ici l'écho de ces
mêmes ironies à ses oreilles?

Les pauvres sont ses êtres de prédilection? Eh!
vraiment, est-ce que nous aussi nous ne compâtis-
sons pas à leurs misères? Combien qui nous coûtent,
sans le dire, le prix d'une soirée de whist ou la pen-
sion d'un chien de chasse! Combien de fois pour eux,
par un dévouement qu'ils méconnaissent, n'avons-
nous pas fondé de ces écoles désintéressées où de
saines doctrines, instituées à leur usage et pour leur
bonheur, leur apprendraient à se contenter de leur
sort et du nôtre! Mais quoi! nous les préférer! quoi!
mettre leurs vilenies au-dessus de nos élégances,
leur dénûment au-dessus de nos relations luxueuses
et si souvent profitables? Goût dépravé! mépris volontaire, blessure intentionnelle!

Il invoque le droit? Est-ce à dire que nous ne
l'avons pas? Il parle de justice? Aux armes! Voilà

l'ennemi. Dès que nous avons les meilleures parts, n'est-il pas clair que tout remaniement nous dépouille? Ces sentiments sont beaux, généreux ; ces paroles sont grandes, émouvantes ! Que nous importe? Tout cela est dans l'Évangile? Eh ! bien, soit, laissez-le dans l'Évangile : mais vivant aujourd'hui, sachez-y voir ce que c'est aujourd'hui : à savoir l'esprit même, l'esprit incendiaire du socialisme. Pauvres, riches, sont des mots désormais antagoniques dont l'un ne se dit pas sans que l'autre s'éveille. Et alors, sachez-le bien, il est mauvais et coupable de parler des malheureux, des souffrances des pauvres. Les aimer, c'est haïr ailleurs. Dire qu'on les aime, c'est soulever la guerre impie des classes ; c'est, ne mâchons pas les mots, c'est à proprement parler faire œuvre de révolutionnaire.

Esprits étourdis, répliquais-je en les entendant dans leur ombre, en devinant leurs paroles dans leur silence, oui, étourdis séniles qui, de cette même main dont ils croient réprimer, sauvegarder, contenir, sèment à pleine main la semence des révolutions et si souvent, quand le sol est mauvais, celle des révolutionnaires ! Malheureux inconscients, déshérités à leur tour, et sans le savoir, de biens cent fois meilleurs que ceux qu'ils possèdent et qui les tourmentent ! Aveugles qui ne voient pas la puissance du droit, insensés qui la méconnaissent ou la méprisent ! Tristes écoliers de l'histoire enfin, qui, après avoir traîné soixante ans sur ses bancs austères, au bruit de ses enseignements sans cesse répétés par sa voix si persuasive pourtant et jamais lassée, n'ont pas retenu sa première leçon : à savoir que le droit, le progrès continuel, l'élévation incessante des petits sont la sécurité avec l'accomplissement du devoir ; que la stricte justice, avec la paix de la conscience est l'ordre, la prospérité, le bien-être, et que s'il est une vérité acquise, c'est que vingt fois, cent fois au cours des siècles, les classes qui croyaient perdre aux réformes se sont trouvées, après l'avénement du juste et du droit, plus assurées et plus morales, plus riches, plus puissantes et plus heureuses.

Pour ceux-ci, ah ! j'élevais la voix. Sûr des vérités que je prêchais comme de mes sentiments intimes, j'avais l'illusion de les ramener, j'aurais voulu les conquérir.

« Dans ces dernières années, leur disais-je, sous l'empire de terreurs qui, je le reconnais, ont été trop justifiées, les esprits sont devenus méfiants à l'excès, les imaginations véritablement malades. Des opinions libérales ont été proscrites comme un souffle de l'esprit révolutionnaire ; des aspirations généreuses réprouvées comme de mauvaises passions. Les carac-

tères les plus manifestement empreints de douceur
et de bonnes intentions n'ont pas toujours échappé à
des soupçons injustes. Or, malgré leurs excuses, ces
soupçons, on doit le comprendre, n'ont pu être envi-
sagés toujours sans impatience. C'est un sentiment
de cette nature qui m'a en partie déterminé à prendre
la plume.

Un sage antique dont je me serais encore rappelé
le nom il y a quelques années, mais dont je n'ai pas
du moins oublié les paroles, disait un jour à un nouveau venu : Parlez afin que je vous voie. Quoique je
ne sois pas un nouveau venu, je le rappelle sans
amertume, je ne suis pas bien sûr que certains de
mes concitoyens, que certains de mes amis mêmes
n'aient pas un peu besoin de me voir. — J'ai
parlé. » (1).

Eh ! bien oui, j'avais parlé et Dieu sait si j'avais
bien compris que mes paroles étaient opportunes et
Dieu sait aussi si elles répondaient à coup sûr. Ajou-
terai-je qu'à ces hommes j'avais parlé en vain ? Que
faire contre les défiances, l'envie, la peur ? n'étaient-
elles pas, ne devaient-elles pas rester les plus
fortes ? Non, non ! Fallait-il me dire et leur dire :
Quoi que je fasse, quoi qu'il arrive, je le sais, je le
sens, vous ne me croirez pas ! On a vu dans ce
monde des âmes qui n'ont pas voulu être consolées ;

(1) Sur la *Fondation de Comités d'initiative et de Sociétés
d'actionnaires*. In-8º, 1853.

vous, vous ne voulez pas entendre. Loin d'ici donc, loin de moi la plainte ! Loin de moi le moindre regret de ces recours multipliés à votre bonne foi, à votre raison, à votre clairvoyance, au témoignage de tant de jours passés côte à côte ! Mais comment ferais-je pour ne pas reconnaître, je dis reconnaître et subir l'impuissance, l'inanité de mes appels ?

D'autres enfin n'y mettaient pas tant de façons et méritaient moins d'égards. D'un moindre vol encore, ils n'allaient chercher leurs mobiles ni si haut ni si loin dans le chaume des actions humaines.

Voilà sans doute de nombreux et utiles projets, disaient-ils. Le malheur est que nous n'en avons que faire. Que nous importent en effet leurs services à la généralité, si, nous, ils nous desservent, et quel goût pouvons-nous avoir pour leur succès si leur succès est notre propre effacement ? Voyez : dans l'état présent des choses, n'est-il pas vrai qu'au Conseil municipal de notre commune, le budget nous met annuellement aux mains cinq mille, vingt mille, cent mille francs de fonds libres que nous employons annuellement aussi en entreprises nouvelles ? C'est peu, soit, mais c'est tout et voilà ce qui importe. Avec ce peu, nous faisons figure parce que, point capital, rien ne figure à côté. Au lieu de cela, laissez donc venir et surgir autour de nous ces vingt, ces cinquante, ces cent entreprises : comme nos projets disparaissent sous les projets, nos maigres milliers de francs au milieu des millions de souscriptions de l'épargne publique ! Et nous, nous-mêmes, que devenons-nous avec notre situation, notre prestige, notre influence ? Noyés, éclipsés, annulés, perdus !

Or, laissons donc ces creuses chimères de l'intérêt public. Pourvus, habitués à ce que nous avons, nous n'en voulons pas tant, ni pour nous ni surtout pour les autres. Nos populations sont tranquilles et n'y pensent pas. « Ignoti nulla cupido, » chantait le poëte, et « tout ce qui ne se sait pas s'ignore, » a dit Clavaroche après Ovide. Pendant qu'il en est temps, coupons court à ce déluge. Mieux vaut être le premier dans sa bourgade que le second dans Rome, et si nous voulons briller, le plus sûr est de briller seuls. Pour garder ce qui est, sachez-le bien, il n'est qu'un moyen sûr : étouffer ce qui veut être. Élevons donc, sans la dire, élevons bien haut notre devise. C'est celle du bon sens, de l'intérêt palpable, et que nous empruntera, s'il le veut, plus d'un groupe conservateur : « Empêcher pour maintenir. »

Et alors, en effet, tous de se liguer, de résister, de s'arcbouter, de lutter, d'entraver, de combattre, sots et habiles, moutons et loups-cerviers, conducteurs et bétail, myrmidons infatués, potentats d'argile. Poussés par tous les souffles : calculs et instincts, frayeurs et envie, défiances et courtes vues, armés de toutes les armes : l'inertie et l'ardeur, la pioche et la mine, je les ai vus de près à leur œuvre, guidés par les adeptes d'une rue alors célèbre (1), rue étrange que n'oublieront ni les contemporains ni l'histoire, microcosme d'un grand et dangereux parti. Ce fut alors, avec la précision des passions humaines, partout les mêmes, la reproduction dans un épisode obscur et perdu de toutes les allures, de toutes les péripéties, de tous les maux de cette guerre de Rome à l'intérieur qui se poursuivait sur toute l'étendue de la France et où se pressaient à l'envi la dissimulation doucereuse et l'exécution sans pitié, le bulletin politique du dévot, la contrition de l'ancien libéral et l'eau bénite du fils de Voltaire.

Aujourd'hui, on le sent bien au ton de ces paroles, à leur ironie sans fiel, à leur sourire, tout est loin, tout est bien passé. L'esprit est calmé, les regrets éteints. Ce qui fait bien plus encore, l'espérance est ranimée, la force revenue. Mais alors, ah ! je le confesse, je regardais, j'écoutais confondu.

____

(1) La fameuse rue de Poitiers.

Est-ce là les hommes, me disais-je ? Est-ce possible ? Quoi ! partout, partout l'égoïsme bas, la pusillanimité lâche, la prétention sans frein avec l'impuissance, l'incapacité sans mesure avec l'esprit de tyrannie, l'insatiable souci de l'intérêt personnel, l'insouciance effrontée de l'intérêt public ?

Ah ! Calculateurs imprévoyants qui, sans songer à vos fils, vendez votre droit d'aînesse pour quinze ans de repos précaire, concitoyens ingrats et sans cœur qui déniez leur part d'héritage à vos frères puînés qui vous suivent, envieux qui savez que l'esprit souffle où il veut, mais qui ne pouvez souffrir sans fureur qu'il ait l'outrecuidance de souffler ailleurs que dans les voiles de votre fortune, administrateurs dignes de la note d'infamie qui, sur la place publique, provoquez l'initiative privée pour l'étouffer près de son berceau quand elle veut naître et qui aimez mieux qu'aucun bien ne se fasse que de le voir faire par d'autres mains que les vôtres ; âmes de boue, comme aurait dit Jean-Jacques en son dur langage, qui n'avez pu croire au désintéressement et au dévouement, sans doute parce que vous ne les avez point connus et qui ne les avez trouvés invraisemblables que parce qu'apparemment ils vous étaient impossibles, à quelle distance êtes-vous et qu'est-ce que je vous dois ?

Vous rappelez-vous ; oh ! moi, à cette heure, je me rappelle. Un jour, le jour même où je vous demandais si vous vouliez « mes heures et ma peine », sous le coup d'un sentiment où je ne voulais voir que l'une de ces appréhensions inquiètes que connaissent toutes les affections vraies, je vous avais adressé après bien d'autres ces sincères paroles :

« Que si, au lieu de bienveillance, de confiance et d'appui, vous disais-je, je devais rencontrer tout le contraire, dans ce cas à Dieu ne plaise que je prisse quelque ressentiment. Dieu merci ! Je n'ai jamais fait de mal et j'ai souvent servi sans le dire. Mais, je l'avoue, je me crois libre de ne pas rendre service à qui m'afflige ou m'insulte. Je me souviendrais alors que si j'ai le désir d'être utile, pourtant je n'en ai pas besoin. » (1).

Mots prévoyants ! mots prophétiques ! Leur pressentiment avait été juste. Ce qu'ils avaient dit arrivait, et il me fallait ajouter foi à ce qu'ils avaient annoncé en hésitant à y croire. Et alors, sous le jour des circonstances survenues, de leurs déceptions, de leurs obstacles, je les relisais à mon tour et je leur demandais conseil en m'interrogeant en moi-même.

(1) Suite des paroles citées plus haut, page 37. — *Cherté des grains*, préface, 1854.

Eh ! quoi ! disais-je à cette heure nouvelle, n'est-il pas venu en effet ce moment de me souvenir ? L'insulte, on me l'a infligée. L'affliction, je l'ai ressentie. J'ai dit que je ne ferais point de mal. Non, et je répète encore à Dieu ne plaise ! Mais n'est-ce pas aussi que je suis libre, oui, libre désormais de ne plus servir ?

Eh ! bien non, répondis-je ; non, malgré tout ! J'ai le droit ? Je le repousse. Je me souviens ? J'écarte le souvenir. L'affliction m'honore, l'insulte me rehausse et si je suis libre, eh ! bien, je n'userai de ma liberté, vis-à-vis de ceux à qui je les dois, que pour décider de leur demeurer fidèle. Devant leurs portes closes, à portée de leurs mains fermées, je garderai persévéramment . « mes heures et ma peine » sur ma main ouverte. Je ne veux pas que l'âme stoïcienne de nos jours reste au-dessous du chrétien des grands âges. Quand la brutalité qui repousse aura frappé ma joue, je tendrai l'autre au soupçon. Moi non plus, je ne renierai pas mes dieux, et malgré les froideurs, les défiances, les rebuts des hommes, jusqu'au bout calme, bon, dévoué, j'essaierai sans fléchir de les servir encore.

Et en effet, il en fut ainsi. Deux fois, dix fois je m'offris, oubliant toujours, espérant toujours, me trompant toujours. Je restai ferme, prêt. Seulement, c'est alors qu'au sentiment de l'abandon, se précisa tout à fait dans mon esprit cette pensée, jusqu'alors simplement entrevue et plutôt redoutée, que le souhait même des affections permises était peut-être une sorte de déchéance pour le bien qu'on veut faire.

Dure nécessité, comme tes leçons épurent et élèvent! Comme tes cruautés sont salutaires! Frappé par elle, aidé, éclairé par elle, j'adhérais désormais pleinement à ses arrêts. J'étais faible, m'arriva-t-il enfin de me dire ; j'étais personnel, intéressé. Je ne voyais pas. Je n'avais pas compris. Cette main qui dépouille, châtie, mutile, isole, elle est vraiment clairvoyante et généreuse. Elle s'entend mieux que moi. Elle a raison, raison contre moi. Je pensais que le bien accompli pouvait avoir quelque part dans son œuvre, et il est nécessaire que le bien n'ait pas sa part dans son œuvre. Je me plaignais qu'il fallût mourir pour que vînt l'heure de la réparation et de la justice ; mais pour que l'heure de la justice vienne, comme il est bien mieux, plus beau, plus grand, comme il est bien plus sage qu'il faille mourir !

Mais, en même temps que j'accueillais cette nécessité comme une lumière et me soumettais à sa loi, en même temps une tristesse immense envahissait mon âme. Malgré tout, je me prenais à répéter : « Est-ce là les hommes ? » S'il est plus beau d'être méconnu, écarté, repoussé, s'il n'est rien d'achevé sans cette épreuve, eh ! quoi, ceux qui méconnaissent et repoussent en sont-ils moins cruels et coupables et, de ce qu'il faut boire le calice, l'offrir est-il moins criminel ? Je pardonnais mais le froid me gagnait. Bientôt, je compris que je n'aimais plus. Par fierté, par devoir, j'aurais eu honte de déserter, de manquer de force. Désormais pour rester, pour ne pas manquer de force et d'ardeur, j'avais besoin de vouloir. Je ne retrouvais plus cet élan qui m'emportait comme un souffle et ne connaissait ni trêve, ni peur, ni fatigue. Quand je portais mes regards sur moi-même, il me semblait voir une machine désemparée, et je me disais avec une sorte de désespoir que je n'avais plus de mobiles.

C'était la foi des premiers jours qui commençait à se briser sous les coups répétés des entraves, des soupçons, des outrages. C'était la passion d'être utile, noble flamme, qui commençait à faiblir et à s'éteindre dans mon sein. Je vivais ; je voulais encore agir, et en effet j'agissais encore ; mais je sentais que quelque chose mourait en moi.

———————

II

Les Trahisons. — Le Mépris du pays.

Que les amitiés du monde ne soient qu'un leurre,
que leurs trahisons éclatent à chaque pas, c'est la
loi. S'en étonner serait d'un enfant, s'en plaindre
d'un insensé. La vie est un chemin. Elles sont les
pierres du chemin. Comme l'eût dit Shakespeare
dans son amer langage : La perfidie qui date d'une
heure fait siffler celui qui la raconte.

Et cependant, comment ces coups répétés ne lais-
seraient-ils pas leurs meurtrissures ? Comment,
dans une âme déjà éprouvée, ne feraient-ils pas
brèche à leur tour ? On ne le croit pas ; on ne s'en
aperçoit pas ; mais cela est. S'attendre aux déceptions, ne plus s'en étonner, ne plus même les ressentir, est-ce que c'est autre chose après tout

qu'avoir perdu à tout jamais la foi, l'espérance, la tendresse ? La chute des jours aussi est insensible et voyez ce que fait de nous, après des années, la poussière des jours.

Que les confraternités d'armes soient une dérision, leur drapeau une enseigne de marchand, leurs collaborations des embûches, c'est encore une très-vieille histoire. Que les préjugés sociaux, d'autre part, constituent de risibles ou d'abominables entreprises sur la liberté et l'honneur des hommes, accouchant tour à tour de l'éloquence de Rousseau ou du livre des Snobs, de malins vaudevilles ou des massacres de septembre, soit, tout cela se comprend, on en suit la logique fatale mais juste ; et puis, suivant la gravité, les tempéraments et les jours, on rit, on se cuirasse, on réprouve ; on s'en arme, on s'en défend, on s'en amuse.

Et cependant, à ce jeu, n'est-il pas vrai que le cœur s'use, qu'on se détache, qu'on se dégoûte ? O mes amis, il n'est pas d'amis, disait déjà le plus grand esprit de l'antiquité. Eh ! bien soit, n'aimons plus ; mais tout s'en va, tout se rompt, tout défaille. Vous rougissez de celui-ci parce qu'il n'est pas préfet, recteur, magistrat, que sais-je ? Avouez que la tentation est rude pour lui de vous prouver que vous avez plus besoin de lui que d'un préfet ou de quelque

pouvoir de même sorte. Vous n'honorez que la fortune, et votre considération, votre estime sont aussi
de ces filles près de qui les surintendants ne trouvaient pas de cruelles. Société stupide et corrompue,
osée et poltronne, n'avez-vous pas peur que quelque
vengeur sorti de ces provocations ne vous prouve
qu'il y a quelque chose de plus fort que l'argent et
que cinquante mille écus de rente, et armé du fouet
aux pointes irritantes ou sanglantes, ne vienne faire
œuvre de justicier en vous châtiant de n'avoir pas été
juste? N'avez-vous pas peur que les meilleurs même
ne recourent contre vous à leur seule arme, à leur
arme accablante, celle de s'écarter à jamais sans
punir ?

Mais laissons là ces piqûres. Il est, par malheur,
de bien autres maux et le sort porte des coups autrement graves. L'un des grands historiens de l'Italie (1)
écrivait un jour que « celui-là est bien à plaindre,
qui assiste à la mort de sa patrie et qui est né dans le
temps marqué pour une telle infortune.» Grande infortune en effet que celle-là et terrible, mais il en est,
je crois, une plus grande encore que de voir sa
patrie mourir, c'est de la voir se plonger délibérément dans ce que l'on croit sa honte. Or, ce malheur,

____

(1) Guichardin.

j'en appelle à ceux qui m'entendent, ce malheur, nombre d'âmes de ce temps l'ont connu.

Les hommes qui ont accepté l'empire avec résignation ou avec joie ne se feront jamais une idée des sentiments que sa fondation, ses succès, l'attitude de la France pendant sa durée ont inspirés à ses adversaires. C'était, j'en témoigne, une humiliation profonde, une sorte de désespoir sous la pensée d'une rupture avec tout le passé, du naufrage soudain de tout l'avenir. C'était une réprobation de toutes les heures, toujours renaissante sous des faits nouveaux apportant des blessures nouvelles, toujours ravivée par le souvenir des droits violés, de l'honneur oublié, vendu.

Et à qui donc s'adressaient ces protestations indignées? Oh! Sans doute, il y avait en vue, en pleine lumière, dans toute la lumière du pouvoir et de l'audace, un homme criminel au premier chef qui, pour le sentiment public, était l'auteur unique de ces maux, qui en était dans tous les cas l'assuré, l'effronté bénéficiaire. Mais au-delà de lui, sous lui, avant lui, n'y avait-il pas une responsabilité plus réelle, un plus grand coupable? Eh! bien oui, et il faut le dire, il y avait le pays, il y avait la France qui permettait, voulait, se taisait, acclamait, avec laquelle tout se faisait, sans laquelle rien n'eût pu se faire.

Et en effet, qu'on se rappelle, au début, lors de l'élection à la présidence de la République (1), élection confiée directement alors au suffrage universel, comment la lutte s'établissait-elle ? D'un côté, un homme franc, loyal, guidé par des principes, épris de la République, amoureux uniquement et passionnément de son pays dont il n'eût jamais été que le premier citoyen ; en face, un caractère tortueux, armé de l'esprit de dissimulation, en proie à l'esprit d'aventures et conduit exclusivement par les calculs d'une ambition sans scrupules. L'un était un candidat, l'autre un prétendant. Celui-ci mentait ? Il faisait son métier de prince. Il conspirait, promettait, rusait ? Il faisait son métier de prince.

Or, qui la France choisit-elle ? Qui ? Haut la main, elle repoussa la loyauté, la sincérité, le désintéressement, la foi aux principes, l'amour vrai pour elle, l'amour du pays ; haut la main, à deux battants, elle ouvrit la porte au mensonge, à l'esprit d'aventures. Sciemment, elle ne voulut pas d'un citoyen ; sciemment, elle voulut d'un prétendant. Est-ce vrai, s'en souvient-elle ? Mais quel coup cruel, quelle rougeur au front pour ceux qui l'aimaient, qui ne demandaient qu'à l'honorer, à l'aimer, à la servir !

(1) 1848.

Et comment, pourquoi ce choix étrange? Pourquoi? Par des motifs aussi extraordinaires, aussi peu supportables que le choix lui-même.

Qu'est-ce en effet que voulut la France? Qu'est-ce qui la détermina à cette époque? Lasse d'une ère de paix qu'elle reprochait comme un déshonneur à un gouvernement sage et respectueux du sang des peuples, elle entendit faire appel, en bravant l'Europe, au représentant de naissance d'une ère de guerres et de conquêtes. Ce qu'elle entendit élever sur le pavoi malgré le défaut notoire de capacité, de garanties, de valeur morale, malgré tout au monde, ce fut par-dessus tout le sang des Napoléons. Or, il arriva pour elle une burlesque aventure. Qu'est-ce en effet que disait dès lors, qu'est-ce aujourd'hui qu'écrit de toutes parts l'histoire, sans démentis, sans conteste, sans attaques, placée sous l'égide de ses grands noms? « Un jour, » l'un de ses plus autorisés mandataires « causait de Louis-Napoléon Bonaparte avec l'ancien roi de Westphalie. En lui, disait-il, le Hollandais calme le Corse. — Si Corse il y a, répondit Jérôme » (1). — Un autre jour, à propos du roi Louis de Hollande et de la reine Hortense sa femme, c'est un intime, un dévoué, un séide qui

_____

(1) Victor Hugo. *Histoire d'un crime*, tome 1ᵉʳ, p. 125.

dépose et dont la déposition est recueillie : la porte entre leurs deux chambres, dit-il, « la porte ne fut pas murée, mais Sa Majesté le fut, et quand la reine vint, il lui tourna le dos. Cela n'empêcha pas Louis-Napoléon de naître. Un nombre convenable de coups de canons salua cette naissance » (1). Et plus loin : « Qu'est-ce que ce fils d'Hortense ? C'est un Français né Hollandais et naturalisé Suisse. C'est un Bonaparte mâtiné de Werhuell » (2). — Or, comprend-on ce qu'écrivait, ce que disait dès lors de toutes parts l'histoire ? D'un bout à l'autre de l'Europe, on rit au nez de la France. Chez elle, comment ne l'eût-on pas trouvée amoindrie ? Comment ne lui eût-on pas gardé rancune de ce ridicule qui marquait si misérablement pour elle la première étape d'un régime nouveau ?

Mais, par-delà le ridicule, il s'élevait un reproche plus grave. Quoi ! A sa tête il lui fallait un prince ? Après Voltaire, après Rousseau, Beaumarchais, Diderot, d'Alembert, après tout le xviiie siècle, après la Révolution de 1789, la France retournait en arrière et se rejetait dans l'ornière des préjugés de naissance ? Loin d'aspirer à l'idée du gouvernement

____

(1) *Histoire d'un crime*, tome 2, p. 29. Il faut lire en entier ce passage de Victor Hugo, dont il n'est cité ici que les dernières lignes.
(2) Victor Hugo. *Histoire d'un crime*, t. 1, p. 10.

des égaux par un égal, elle faisait acte de foi et
d'adhésion au droit naturel ou divin ou traditionnel,
il n'importe, de races de gouvernement, à la nécessité, à la légitimité d'une matière royale? Or, ne l'oublions pas, s'il est une croyance qui tienne désormais au plus profond du cœur de tout homme avenu
au sentiment de la dignité personnelle, c'est la
croyance à l'égalité entre les hommes; c'est l'impatience absolue de toute prétention contraire; c'est la
résolution et l'habitude de considérer ces prétentions
comme un outrage; c'est l'impossibilité particulièrement d'admettre que le privilége de gouverner
puisse découler de « la peine de naître ».

Dans ces termes, aux yeux de ces hommes qui
comptaient bien dans son sein, qu'était-ce donc que
la résolution de la France? La négation de tout ce
qu'elle avait découvert, admis, acclamé, prêché au
monde, un malencontreux phénomène d'atavisme
politique. C'était, pour ce qui la concernait, une
déchéance. C'était, pour ce qui les concernait, une
sorte de violence et d'injure. Mais quoi! quelle pouvait être la conséquence? Pour la déchéance, la
mésestime; pour la violence et l'injure, la désaffection encore. La France blessait deux fois ces hommes.
Deux fois, elle se les aliénait; elle les perdait des
deux côtés.

Vint le coup d'Etat du 2 décembre 1851. Ah ! comme la chute morale fut encore autrement profonde ! C'est l'usage, aujourd'hui surtout, d'en rejeter hautement, uniquement les responsabilités sur son auteur, en appuyant la sentence d'un lot honnête d'énergiques malédictions. Certes, ce n'est pas ici, on le sait bien, qu'on amoindrirait pour personne les charges accablantes de ce forfait politique ; mais enfin, il faut bien dire que ce procédé est par trop commode ; que ces malédictions sont tardives et que le bouc émissaire, si chargé qu'il soit, n'est point chargé de tous les péchés d'Israël.

Ici encore, le grand coupable du coup d'État, je l'ai vu, il faut le proclamer, c'est la France. Médité, elle l'appelait, le provoquait. En cours de crime, elle n'avait qu'une frayeur, c'est qu'il n'avortât au profit de la légalité qu'elle appelait la démagogie. Exécuté, elle l'amnistiait, l'acclamait à voix haute, debout sur tous les points de ses horizons. Pour l'accomplir, il fallait de l'argent, ce nerf des mauvaises comme des bonnes œuvres, des coups d'État comme de la guerre. Par bonheur, je veux dire au grand contentement des violents et des vendus, des approbateurs et des complices, la Banque de France était là. On prit vingt-cinq millions — vingt-cinq millions ! — à la Banque, pour l'ouvrage de la journée (1). Le devoir appelait des défenseurs ? En haut, on se réunissait pour la forme, mais on sollicitait tout bas des admissions à Mazas pour se laver les mains l'honneur sauf, et copartager ensuite au repos public en se donnant les gants d'une résistance légale. En bas, à Baudin qui s'en allait mourir, on répondait qu'on ne se battait pas pour ses vingt-cinq francs, quitte plus tard à honorer sa tombe de quelques reliefs d'émeutes patriotiques. La loi était violée, la représentation nationale insultée, le boule-vard Montmartre ensanglanté, mais après être sorti de la légalité, comme on rentrait dans le droit ! Au fond, quelle économie de rigueurs ; quelle mansué-tude ! Quelle habileté d'envahir ainsi la ville par la terreur ! Puis, quelle frottée à ces impatientants rêveurs qui prétendaient imposer au pays l'importun souci de se gouverner lui-même !

Enfin et par-dessus tout, comme cet homme était fort ! C'était un véritable soulagement, un triomphe. Un décret paraissait et l'armée, l'armée française inscrivait sur les livrets de ses soldats et sur tous ses états de services, où vous pouvez la voir encore, et ce avec les mêmes émoluments et le même hon-

____

(1) « Vingt-cinq millions étaient empruntés de force à la Banque de France. » — *Discours* de Victor Hugo à la séance du Sénat du 22 mai 1876, *Officiel* du 23.

neur, la « campagne » du coup d'État « 1851 » (1),
à côté des campagnes d'Afrique, de Sébastopol et de
Magenta. Quant aux femmes, c'était une frénésie, un
délire. Il est telle ville, Paris en tête, où dans le
beau monde on n'en eût pas trouvé quarante qui
n'eussent été fières de payer la dette de l'ordre public
au Satyre édenté qu'elles entrevoyaient d'en bas
enveloppé dans sa gloire.

Voilà ce qu'était la France, le spectacle qu'offrait
la France. Devine-t-on quelles impressions de décou-
ragement et de dégoût il put jeter dans des âmes fières,
éprises d'indépendance, amoureuses de la liberté
politique, et, pas plus pour le pays que pour elles-
mêmes, ne concevant, ne tolérant la vie sans l'honneur ?

Et ce ne fut pas tout, pourtant. La France ne voulut pas se contenter d'amnistier, d'acclamer le coup
d'État. A la violation de ses lois, à la confiscation intéressée de ses droits, aux déportations mortelles, à
l'effusion du sang français sur ses places publiques,
elle pensa qu'il convenait d'attacher une récompense,
la plus haute qu'elle possédât : celle de sa couronne.
C'était le comble ; il fut atteint et l'Empire fut fait.

Quel temps que celui-là ! Il semblait que tout ce

____

(1) Décrets impériaux des 5 décembre 1851 et 23 avril 1852,
insérés au Bulletin des lois.

qui rend la vie heureuse, digne, satisfaite : droit,
justice, progrès, valeur des institutions, sentiment
tranquille de son droit de citoyen, fierté du rang intellectuel de son pays dans le monde, respect de soi-
même, respect des hommes, eût subi une éclipse
soudaine. C'était comme une succession de ténèbres
épaisses dont on voulait, dont on ne pouvait pas sortir. A d'autres époques, on avait parlé de voiler la
statue de la Liberté. Cette fois on la chassait du
temple ; on essayait d'en détruire jusqu'au piédestal
de peur que le vide séditieux ne fît penser à l'image
absente.

Et quelle entente de l'esprit d'assujettissement, de
la dégradation des caractères ! quel entraînement
habile et sans pitié ! quelle savante domestication
des hommes ! Pas un grand trait perdu ; pas un détail oublié.

L'homme, on l'appelait Majesté sans voir que dans
nos mœurs c'était l'analogue de ces fronts d'orien-
taux qui s'avilissent en se traînant douze fois dans
la poussière.

Cherchiez-vous sur la carte une terre autrefois
bien-aimée ? C'était l'Empire Français ; jamais plus
vous ne deviez trouver la France : les hommes étaient
sur un domaine, il ne leur fallait plus de patrie.

Les grands corps de l'État, université, archives,

académies, trésor, finances étaient ceux non de la nation mais du trône. Le chemin que vous suiviez était le chemin de l'Empereur.

Un jour, une victoire était remportée à l'Alma. « Le canon de Votre Majesté a tonné et il a vaincu ; » c'était la nouvelle : les victoires aussi étaient celles de l'empereur, et pour la fierté française il n'y avait plus de victoires françaises (1).

Dans la rue, avec joie, avec sympathie, vous alliez au-devant d'un soldat. Le soldat, quel mépris ! était marqué, comme le linge de table du maître, au chiffre du maître.

Partout, partout l'Empereur était tout. La France n'était plus rien. Elle avait disparu, il n'y avait plus de France.

Et comme on se prêtait ! comme on se précipitait ! De vieux libéraux, fiers de l'effort, signaient : Votre obéissant serviteur et fidèle sujet. L'ambassadeur le plus hautain disait en toutes lettres : l'Empereur mon maître. Les piéges étaient grossiers, mais comme ils étaient sûrs ! Au pays, en plein peuple, au soleil, on jetait une part de ce qu'on lui prenait dans

(1) *Moniteur universel,* du samedi 7 octobre 1854. — « Au quartier général, à Alma. Le 21 septembre 1854. Sire, le canon de Votre Majesté a parlé !..... Nous avons remporté une victoire complète. — Maréchal A. de Saint-Arnaud. »

l'ombre et heureux, touché, reconnaissant, il criait : largesses ! et le tour était fait, et il réussissait tous les jours, pendant que viveurs, aventuriers, policé, aventurières dévoraient, sans souci du vers du vieux Corneille, ce règne qu'ils espéraient bien n'être pas d'un moment.

Les mœurs on les faisait. On les a vues ; on les voit : elles durent. Les platitudes, les flatteries, les bassesses, on n'avait pas à les faire. Excessives, folles, emportées sous toutes les formes et sur tous les points du pays par une sorte de bizarre enchère, on les prendrait aujourd'hui pour des calomnies, on les traiterait de propos diffamatoires. Un matin, trouviez-vous dans les journaux le récit d'un bal aux Tuileries ? Vous appreniez que du moment où le maître avait dépassé le seuil, à deux kilomètres de là, dans la galerie la plus éloignée, hommes, jeunes femmes, femmes en cheveux blancs, tout devait se tenir debout comme à l'élévation catholique, frappé de respect pour la présence invisible. Le lendemain, le Louvre étant sur votre chemin, montiez-vous au salon ? Dans un réduit pieusement écarté le flot de la foule vous menait vite à un portrait mutin et charmant devant lequel se pressait discrètement tout un monde. Hommes, femmes, enfants, jeunes filles apprenaient là qu'en sortant furtivement le soir pour ce joli visage, l'émule positif d'Haroun-al-Raschid inquiétait sa police, et l'on admirait à l'envi, avec un respectueux susurrement d'abeilles, celle qui avait l'insigne honneur de couronner de myrtes de vingt ans le front chauve de César.

Nous parlons de respect, eh ! bien oui, vraiment, de respect. Chose étrange et qu'il faut noter pour être juste, ce respect enthousiaste et naïf, presque violent même dans les foules, revêtait chez les classes supérieures un caractère qui le sauvera du moins des banalités de l'histoire : c'est qu'il était parfaitement mélangé de clairvoyance et de mépris. Dans l'intimité, on ne s'en cachait guère. En somme, on savait à merveille à quoi s'en tenir sur les fantasmagories des travaux, des finances, sur la rhétorique du régime ou les mœurs. On sentait aussi nettement que possible qu'on s'abaissait et qu'on abaissait la France. Mais après tout « l'or roulait, » la Bourse montait, l'ordre régnait. Si parfois on perdait un fils ou deux à Sébastopol ou ailleurs, on vendait bien les bœufs ; on tirait ce qu'on voulait des fromages. Rémusat se permettait d'écrire que ceux qui préfèrent l'ordre à la liberté préfèrent la vie à l'honneur. Quel sophisme ! Le commerce, l'industrie brassaient des affaires, et quel était après tout le meilleur gouvernement, sinon celui sous lequel on faisait le plus d'affaires ?

Aussi courait-on au scrutin ; aussi voyait-on apporter jusqu'à l'urne les malades, les paralytiques, aux applaudissements de l'assistance émue ; aussi à sept millions de suffrages succédait-il huit millions de suffrages. Longtemps après ces manifestations éclatantes, on se pressait encore éperdument dans les parcs de la candidature officielle. Eh ! quoi ! appuyer le gouvernement n'était-ce pas encore une affaire, une bonne affaire ?

A ces moments, tout, en effet, tout acclamait, tout semblait protéger, exalter l'empire. L'Angleterre inquiète forçait sa souveraine à descendre sur le continent les deux pieds sur ses scrupules d'honnête femme et de reine. Il semblait que la Providence égarée se fît elle-même la honteuse complice du régime impérial ou que la justice divine éteinte dans quelque profondeur des cieux laissât le monde dans des ténèbres éternelles. Eh ! quoi ! étions-nous amenés à nous dire : tout est-il donc changé, bouleversé ? Faut-il donc tout désapprendre ? Quoi ! le crime, la corruption, la lâcheté auront-ils donc jusqu'au bout sans trouble l'impunité ; plus que l'impunité, l'honneur, l'estime, le succès, la gloire ; plus que tout cela, l'affection même des peuples ? Quoi ! Les peuples qui s'avilissent vont-ils donc trouver désormais pour peine la prospérité, la grandeur, la force ; et le respect, l'ascendant, la fortune, le bonheur vont-ils donc s'obtenir désormais par les moyens mêmes qui devraient les anéantir ?

Puis, un jour vint où le régime impérial, fatigué, usé, se sentant vaciller sur ses bases et doutant de sa durée, eut l'idée de se retremper frauduleusement à des sources étrangères qu'il avait redoutées jusque-là, mais dont il connaissait la puissance. D'une main avare et à demi retirée, il offrit des semblants de liberté. Prophètes impuissants devant des populations aveugles et sourdes, avons-nous alors assez averti, assez crié, assez prêché la France ? Lui avons-nous assez montré l'abîme ? Mais on ne guérit pas, et c'est justice, on ne peut pas, on ne veut pas guérir en un jour de quinze ans de servitude volontaire. La France, la peureuse, la corrompue de l'Empire, retrouva ses huit millions de suffrages pour réacclamer son despote au plébiscite. Gardez, gardez, dit-elle, gardez ces poisons d'un autre âge et laissez-moi me désintéresser, obéir, m'enrichir et dormir. C'était le 8 mai 1870 ; on sait ce que fut le réveil.

Or, pour reprendre la trame intime de cet écrit, quels ont donc été au dedans de moi les contrecoups de ces événements publics de vingt années ? Comment y ont-ils pénétré ? Comment s'y sont-ils traduits, avec leurs bruits et leurs éclairs, leur éclat, leurs effondrements et leurs ombres ? Durs, cruels, redoublés, ils finirent par briser sous leurs coups ce qu'ils frappaient à tout moment sans trève. Comment n'eussent-ils pas fait céder ces mêmes places du cœur qu'ils ne cessaient d'atteindre ?

Il est en ce monde, les hommes le savent et les poètes ont su le dire, il est, dis-je, en ce monde bien des amours, suivant les objets et les âmes. De même aussi, suivant les temps, les mœurs, les intelligences, il est plus d'une forme pour l'amour de la patrie. On aime son pays pour son sol ou son ciel, pour ses forêts, ses plaines, ses lacs, ses montagnes. Celui-là est une sorte d'amour physique qui tient à la beauté, au charme, aux traits extérieurs de cette terre avec laquelle on habite et qu'on épouse. Amour puissant, toutefois, car chez des natures simples, quand quelque coup de vent implacable les détache brusquement de leur habitat terrestre, il peut être mortel. A ce premier amour, un autre se mêle, se surajoute pour mieux dire, car il est de plus haut rang : c'est l'attrait pour ces créatures semblables avec lesquelles, sur ce coin de terre, on a vécu, partagé des plaisirs, des dangers, des peines et dont la pensée vous saisit par mille liens : dévouements et services, intérêts et souvenirs, habitudes et espérances.

Enfin, on aime aussi sa Patrie d'une façon plus relevée et plus grande. On l'aime parce qu'elle a derrière elle l'auréole d'un noble passé ; parce qu'intelligente, hardie, heureuse dans le domaine de la pensée, c'est elle qui, prenant le pas sur les autres nations, ses sœurs, apporte au monde la plupart des idées qui l'honorent ; parce que brave, compatissante, douée de sensibilité, de générosité, d'enthousiasme, c'est elle encore qui, la première ou seule, s'arme de l'épée et verse son sang pour toutes les nobles causes ; parce qu'elle a le touchant, le glorieux privilége de voir se lever vers elle les regards et les mains de tout peuple opprimé qui désespère. On l'aime enfin, on l'aime à la passion parce qu'elle s'offre à l'imagination et au cœur des hommes sous les traits d'une femme pure et sans tache, énergique et fière, tendre pour ses fils, adorant ses fils et qui, toutefois pâle et le froid dans le cœur mais la main haute, a la force de demander virilement au ciel qu'ils soient malheureux et opprimés à leur tour plutôt qu'avilis, morts plutôt qu'asservis ou lâches.

Or, c'est cet amour plus fort que tous les autres, emportant tous les autres, c'est lui que j'avais possédé ; c'est de lui que je me sentais abandonné à mesure que se déroulait sous mes yeux l'abaissement volontaire de ma patrie.

Quand, aux premiers de ces jours néfastes, au lieu d'un plus digne elle préféra l'aventurier menteur ; quand persévérant dans cette voie, en place d'un administrateur temporaire et d'un représentant dépendant, simple serviteur d'un peuple libre, elle voulut un maître, je sentis que la veine était ouverte.

Sans doute la France aimée restait belle. Elle gardait son sol et son beau ciel. Ses traits chéris n'avaient pas changé, non ; mais il fallait bien me dire que sous ce visage, j'avais mis une âme et qu'il n'y avait pas d'âme. Il fallut bien me dire qu'elle haïssait ce que j'aimais : la liberté et les institutions qu'elle enfante ; qu'elle prisait ce qui me paraissait indigne d'elle. Pour mieux dire, l'âme avait existé, mais elle était morte. Oublieuse de son renom, renégat étrange de son ombrageuse fierté et de sa vraie gloire, la France brûlait ce qu'elle avait adoré. La France se donnait pour de l'ordre, pour de la prospérité, qu'est-ce à dire en somme : pour de l'argent.

De cette époque, je la regardai encore sans colère mais sans tendresse, comme on peut voir une femme autrefois aimée, détachée par une trahison, plus que cela, séparée, perdue par un choix infâme ; qu'on secourrait encore par respect pour ses souvenirs, à qui l'on tendrait encore la main peut-être pour l'arracher à un danger, à la mort, mais pour laquelle le cœur ne saurait plus battre.

Après l'élection, le coup d'État ; après le coup d'État, l'adulation sous le joug : la France descendait sa pente. Fixé sur elle, mon regard la descendait avec elle, attristé mais implacable, en mesurant, en gardant désormais la distance. Mais quoi ! adultère du droit, oublieuse de ses serments, honteuse infidèle d'un régime de liberté et de dignité, ce n'était pas assez pour elle de s'être abaissée dans une faute. Complice d'un crime, elle était devenue criminelle. De quel œil pouvais-je désormais la voir ?

Quand, sous mes yeux, dans un partage inégal comme toujours, dupée mais confiante, ruinée mais effrontément satisfaite, elle étalait en se louant sa part des fruits du crime accompli : ordre mal acquis, sécurité trompeuse, repos sans bases, avenir de ruine, espérances mensongères de paix, prodigalités insensées, capitaux éventrés pour vivre, quels sentiments pouvait-elle inspirer ? Est-ce qu'il est possible d'aimer ce qu'on mésestime ? A tout jamais mes regards se détournèrent d'elle et je n'eus pas à les ramener. La froideur, l'éloignement étaient venus ; à son tour je sentis la répulsion naître. Ce n'était pas, par malheur, ma dernière épreuve. Bientôt, à la vue de cette soumission passionnée au maître, et quel maître ! au contact de la bassesse universelle perpétuée pendant vingt années, je connus qu'il était un sentiment encore plus amer : le dégoût me monta au cœur et ne le quitta plus.

Un soir d'alors, je me rappelle, accoudé tard à ma haute fenêtre qui domine un vaste horizon, je plongeais mes regards au loin dans la nuit au-delà de la ville endormie, jusqu'aux bois des derniers coteaux. Avec eux, mon esprit s'élançait à travers l'ombre épaisse et un moment je me figurai que portant jusqu'au bout de la France, ils l'embrassaient tout entière et l'évoquaient devant moi. Tu reviendras, lui disais-je, n'est-ce pas que tu sortiras de ton sommeil, n'est-ce pas que tu secoueras ta honte et qu'avant de mourir on pourra encore t'habiter sans rougir ?

Tout à coup, il me sembla que du bout des profondeurs et se rapprochant peu à peu, il montait vers moi un grand bruit sourd semblable à celui du vent au loin dans les arbres. C'était le souffle étouffé mais puissant de millions de voix humaines arrivant en nuée, indistinctes, confuses, chargées tout à la fois de dénégations impatientes, de cris d'effroi, d'imprécations colères, de saillies moqueuses, de vivats d'armée comme aux revues d'un César. Involontairement je me reculai en tressaillant, la main tendue en avant comme pour me défendre ou pour maudire : Tout est bien fini ! C'est le désespoir, murmurai-je, et l'avenir aussi est perdu ! D'où viendrait le salut quand tout est pourriture ? Dieu le veut. Ah ! l'on a vu dans d'autres temps les multitudes secouées par des sentiments d'une noblesse inconnue se précipiter vers un but céleste, s'exalter au-dessus d'elles-mêmes. Ici, c'est l'élan des âmes vers l'abaissement, la fureur de servir, la haine de l'indépendance et de la dignité personnelle, le besoin de s'avilir, la soif de l'obéissance : c'est la croisade exaltée pour la servitude. Et comme la masse est compacte, unanime, irrésistible ! Nord et midi, levant et couchant, partisans, adversaires, ennemis, amis même. Amis !... Toute la France est là ; morte est la France.

Triste rêverie d'une imagination fatiguée, d'un cœur endolori, découragé, abreuvé d'amertumes ! Elle était bien le fruit et l'image des préoccupations qui assaillaient les jours. Pendant toute cette longue période, ce fut la vie. Point de répit. Au milieu d'événements toujours nouveaux qui semblaient s'ingénier sans cesse à dépasser l'impression de la veille, tous les liens se rompaient, non pas seulement déchirés mais souillés. Que de fois, en promenant mes regards autour de moi, n'ai-je pas trouvé sur mes lèvres le mot de Chateaubriand : « désert d'hommes ! »

Un moment vint où je m'aperçus, sans avoir le

courage de me contraindre, que ces sentiments se traduisaient parfois d'une façon étrange. Au milieu de ceux qui m'entouraient, fût-ce les plus rapprochés de moi par les relations, les goûts, les habitudes, je ne m'entretenais plus qu'avec répugnance des questions journalières de la politique et des intérêts du pays. M'abordait-on dans la rue, malgré moi, sans y songer pour mieux dire, je me tenais à plus de distance qu'autrefois et quand on me tendait la main par une de ces politesses banales qui font partie de la vie sociale, je me prenais à hésiter en y jetant un coup d'œil furtif avant de donner la mienne : indices involontaires du souvenir qui me passait rapidement par l'esprit des votes honteux auxquels tant de mains s'étaient soumises ! indices amers aussi de distances intimes bien autrement marquées et de séparations plus profondes !

Quand en 1870, pour la troisième fois à vingt ans d'intervalle, sans pouvoir même invoquer les misérables semblants d'excuses des premières années, les mêmes millions de suffrages se hâtèrent encore vers l'urne impériale pour s'étaler ensuite glorifiés à l'*Officiel,* je n'eus pas besoin d'un effort pour leur faire l'injure de les compter sans surprise. Depuis longtemps, j'avais touché le sentiment extrême : le mépris, le mépris du pays.

III

La Thébaïde

Alors je fus saisi et comme emporté d'une violente envie de me soustraire à ces indignes multitudes, à ces foules à mes yeux dégradées, de mettre l'espace entre moi et elles, de me plonger loin de leur contact, de leur vue, de leur souffle, dans une Thébaïde profonde.

Le monde a connu des temps malheureux où nombre de natures d'élite ressentaient ce furieux besoin de le fuir. Tristes existences en effet que celles d'alors et tristes spectacles que ceux qu'on y trouvait tous les jours ! A ces époques fatales, nulle part de sécurité, partout des scènes répétées, jamais finies, jamais punies, d'oppression, de brutalité, de violence, de cruauté, d'horreur. Tout offensait le droit, la raison, la pitié. Tout menaçait l'honneur ou la vie.

Pour trouver un abri et la paix, on rompait avec « le siècle » : c'était dans la langue du temps l'injure consacrée qu'on jetait à la face du monde. Puis, on courait s'ensevelir au désert ou dans les monastères.

Aujourd'hui, le besoin d'isolement est plus rarement ressenti peut-être. Il a perdu, dans tous les cas, ses facilités en même temps que ses rémunérations, ses récompenses avec ses ressources, de telle sorte qu'il est devenu tout à la fois plus dur à souffrir et plus difficile à satisfaire. Objet d'exploration curieuse et facile, on peut dire qu'en réalité le désert n'est plus. Ce qui est sûr, c'est qu'il n'a plus rien d'un refuge. Quant aux monastères, ils ont disparu sous les coups des révolutions, sous les coups plus irrémédiables de l'indifférence. Aujourd'hui, au lieu de recueillir comme autrefois la consolation d'une sorte de gloire, les ruptures éclatantes avec le monde toucheraient au ridicule. Enfin, l'ère de la foi religieuse est finie et la retraite volontaire n'a plus pour supports les calculs intéressés du salut personnel que, par un miracle d'adresse aidé de l'irréflexion universelle, le catholicisme a réussi à faire passer si longtemps pour un régime de sacrifice. Elle ne pratique plus le fructueux échange des dégoûts de la vie présente contre les espérances et les splendeurs de la vie éternelle. Par contre, n'est-il pas vrai par là même qu'aux yeux du philosophe et du moraliste, la retraite volontaire de nos jours l'emporte sur ses devancières ? Plus vraie, plus dénuée, plus détachée, payée par moins d'avantages en même temps qu'achetée par plus d'effort, comment n'aurait-elle pas plus de grandeur ?

Je ne fus pas longtemps, pour ma part, à chercher la voie moderne de la solitude. Pour l'homme de nos jours, en effet, quels sont donc la première pensée, le recours le plus habituel et le plus puissant dans l'épreuve ou le doute ? Est-ce donc la recherche de secours extérieurs, l'acceptation de formules consacrées, la préparation d'abris artificiels ? Non, à mesure que se sont développés l'usage de l'intelligence et l'appréciation de son pouvoir, à mesure que s'est en quelque sorte agrandi le champ de l'âme humaine, pour l'homme de nos jours le recours est devenu de plus en plus l'appel à ses forces intimes. Ce recours, ce fut le mien. Un coup-d'œil me suffit pour voir que je n'avais nul besoin de forces d'emprunt et que je portais ma retraite en moi-même.

Un jour, après une veille décisive, après un dernier regard jeté en arrière pour m'assurer que je ne laissais rien derrière moi qui en valût la peine, d'un pas résolu j'entrai la tête haute dans mon dédain : — c'était mon monastère ; — et je refermai les portes sur moi.

De cette heure, j'étais tranquille. Quels murs plus hauts, plus épais, plus sourds que ceux de l'indifférence ? Quelles lieues plus longues que celles qui séparent de ce qu'on a aimé et que l'on n'aime plus, et qu'y a-t-il jamais eu de plus loin de nous que ce qu'on méprise ? Un grand citoyen avait dit un jour que son âme était à Dieu, son corps entre les mains des méchants. Qu'importe ! disais-je à mon tour, que mon corps vague comme devant parmi les hommes ! Mon âme est en moi, à moi et rien d'elle et de moi n'est à personne. De cette heure aussi, mes yeux pouvaient au dehors reconnaître, répondre, s'animer, sourire. Derrière eux gisait sans rapport avec eux, sans rayon, sans ride, une impassible mer d'amertume. Du milieu des relations usuelles une main pouvait se tendre, encore souillée de quelque vote imbécile ou lâche. Pourquoi pas et qu'était-ce que ce contact qui se passait au loin à la surface ? En suivant l'allée d'un bois le soir, s'inquiète-t-on d'avoir été frôlé par quelque branche morte ou pourrie pendant que les yeux et l'esprit sont aux étoiles ?

Dieu merci ! c'était le port, le silence, la solitude, la Thébaïde profonde ; mais le port plus précieux parce qu'il s'offrait dans l'orage, le silence plus sensible et mieux goûté parce qu'il dominait le bruit, la solitude plus fière, la Thébaïde entourée de plus âpres jouissances parce que conquise et maintenue au milieu même des hommes, elle était plus offensante pour les hommes. En même temps s'élevait du fond des choses une satisfaction singulière, déchirante et pourtant douce, colère et reconnaissante, triste, douloureuse et pourtant sereine, quand au souvenir des torts dont j'avais souffert et des fautes qu'on avait commises, je suivais dans les événements de la vie privée ou publique les coups, exactement mesurés, d'une justice extraordinaire visiblement occupée à jeter partout ses châtiments.

Vous, disais-je, vous vous trouviez déjà près de moi, vous aussi vous ne pouviez manquer de l'être au cours de la vie ; je sais bien ce que j'aurais été pour vous. Vous n'avez pas su voir, vous n'avez pas cru, vous m'avez méconnu, renié, écarté. Quoi de plus naturel qu'aujourd'hui vous ne m'ayez plus ? Votre faute, la savez-vous, votre faute c'est d'avoir repoussé ce que vous aviez intérêt à ne pas perdre. Le châtiment est d'avoir perdu ce que vous avez repoussé : en fût-il jamais de plus légitime ? N'est-ce pas juste que les bras restent vides quand ils n'ont pas voulu s'ouvrir ? — Et je promenais à l'entour de moi mon regard glacé mais confiant, comptant avec tranquillité parmi les relations ou les affections du jour les chutes, les abandons, les fragilités, les défections, les scandales, heureux de ne trouver dans leur monde rien qui tînt ma place, en moi rien qui fût à leur ressemblance.

Et vous à qui je m'étais si longtemps offert sans ambition, sans salaire, et qui ne m'avez pas voulu, grand Dieu ! comme désormais vous m'êtes devenus étrangers ! Comme ces liens sont rompus ! comme ce détachement est fort ! comme cette retraite est sûre ! Vos intérêts, vos misères emplissaient mon esprit ; ils étaient mon inquiétude : et voilà que je n'y songe même plus. Vous étiez tout pour moi, vous ne m'êtes plus rien et, séparation plus profonde et plus étrange, voilà que vous ne me manquez même pas. Quoi ! calme sans vous, occupé sans vous, si je me prêtais au bonheur je pourrais aller jusqu'à dire : heureux sans vous ! N'est-ce pas à n'y pas croire ?

Et en effet, de ces populations qui s'agitaient comme des flots autour de mon enceinte, intérêts et besoins, souhaits et bonheurs, espérances et épreuves n'avaient plus le don de m'attirer, encore moins celui de m'émouvoir. Ce n'était pas l'oubli : mieux eût valu. Non ! Seulement, je lisais sur ce tableau toujours rempli, toujours agité, comme on lit sur une carte indifférente et vieillie les noms de localités autrefois parcourues, mais où l'on n'a laissé personne. Pour moi, il semblait que tous les horizons eussent reculé, que tous les échos se fussent affaiblis ; tant il est vrai que le monde c'est nous-mêmes ! tant il est vrai que c'est à notre propre sensibilité que tout se mesure ! Hélas ! point de plainte imperceptible pour l'affection inquiète qui tend l'oreille ; pas de fracas qui s'impose à la froideur qui se détourne et ne veut plus entendre.

Ici encore, je marquais les pas de cette justice infaillible qui régit le monde sans qu'il s'en doute et, suivant les temps, j'enregistrais avec une passion farouche, puis avec respect, puis enfin avec une insensibilité purement curieuse, les progrès, les oublis, les désordres, les ruines. — Ils ont réalisé cette amélioration ! Pourquoi pas dix ans plus tôt, quand elle leur était préconisée ? Calculons. Oui vraiment, voici le chiffre de la perte. — Ils acceptent et acclament enfin celle-ci d'une autre main ! Pourquoi l'avoir refusée de la mienne ? — On a échoué sur cet écueil. Ne l'avais-je pas marqué ? Oui, en effet, le voici. C'est justice. Tel autre est proche ; on y touche. Qu'y faire ? on n'écouterait pas : attendons et remettons la carte à sa place.

Plus loin, voilà une eau salubre ? On l'arrête, elle va se corrompre. Un ferment utile ? Quel bienfait ! Quel trésor ! Quelle force ! Mais non, on l'étouffe, on le dénature. Prenez garde ! Le voici poison mortel.

Qui va-t-il frapper? car où que le vent l'emporte il faudra bien que quelqu'un le respire. Quels éternels insensés que ces calculateurs éternels !

Eh ! quoi ! D'un bout à l'autre du territoire, leurs pareils ne s'ingénient pas pour une autre tâche! C'est leur besogne aveugle et sans fin ! Là-bas, quelle imprudence ! voilà un homme : on le discute, on le raille. Je le pénètre : il est redoutable. En lui, je vois plusieurs Marius. Froment ou ivraie, qui sait s'il ne prendra pas sans choisir pourvu qu'il ait soulevé sa charge poids pour poids et prouvé sa force? Il sera coupable ? Eh ! bien après? La ruine en sera-t-elle amoindrie ? Mais quelle folie que de rebuter de pareils services et d'arracher le sac du semeur à un semeur de cette taille ! Ici tout près, Dieu me pardonne, je crois que vous parlez de moi. De moi? J'aurais dû, dites-vous, ne pas ressentir l'injure, rester encore, persévérer, m'offrir encore et toujours. Non, non ! Vous vous trompez. Vous méconnaissez, vous outragez la loi. Le ressentiment de l'offense est le châtiment naturel de l'offense. Ainsi le veut la justice éternelle et le moins qu'il faille pour la satisfaire est que celui qui a repoussé le secours tombe, souffre, se brise même peut-être à défaut du secours.

C'était sous ce même jour, dans l'atmosphère de ces mêmes sentiments que j'entrevoyais, passant sous

mes yeux, les grands événements de cette époque
ou que j'en recueillais les bruits. Naguère, j'avais
su comme le cœur se fend sous le coup d'un malheur
national. J'avais aussi éprouvé le noble sursaut d'une
joie publique. A son tour, je connus la douloureuse
impuissance de ressentir l'un ou l'autre. Les yeux sur
mon pays, je compris avec lui, par lui, le vieux mot,
le mot terrible : n'avoir pas d'entrailles. C'en était
fait ; je n'étais plus un fils : j'étais un témoin. Pour
lui, pour ses oisifs écœurés de la vie, n'avait-on pas
écrit cette œuvre insoucieuse et amère qui s'appelait : « Un spectacle dans un fauteuil? » Eh ! bien,
lui aussi n'était plus pour moi qu'une scène à distance et je le regardais passer, vieillir, chanceler,
descendre, sans regret de me sentir détaché de ces
choses, heureux dans ma justice, sans scrupule de
ne pas ressentir plus d'émotion au cours de ses réalités que devant les chimères d'un poète et de ne
vouloir de lui enfin, pour mon âme ulcérée, qu'un
autre spectacle dans un fauteuil.

Pays pusillanime, disais-je, nation avide, aveugle
et lâche, tu as voulu d'un maître parce que tu pensais y trouver profit et déjà pour ta peine, tu ne sens
pas ce qu'il t'en coûte. Tu ne sens pas que tu t'es
abaissée, que malgré les éclats extérieurs du monde,
aux yeux du monde même tu t'es déconsidérée et

souillée. Tu ne sens pas qu'on t'accoutume à craindre et que pour une nation, il n'est rien de périlleux comme de s'accoutumer à craindre, parce que l'âme affaiblie ne se retrouve plus au jour du danger. Tu ne sens pas que, comme l'esclave antique, désormais tu as le bruit du coup de fouet dans les oreilles et qu'il parle à tout jamais à tes oreilles.

Jadis on divisait pour régner. Vieillerie risible ! Ah ! aujourd'hui on est plus fort : pour régner on enrichit, on corrompt, on glorifie, on consulte, on amuse. On t'amuse, on te corrompt et tu acclames, tu bénis la corruption cachée sous le plaisir. De tes impôts, comédie moqueuse ! on te fait des bénéfices d'emprunts, de ta substance des gains apparents et superbes. Avec pompe, on t'assemble dans « tes comices ». Allons va, vote, parle, pérore ; choisis, nomme, enrichis toi, commande ! Les enjeux sont faussés, la caisse bondée de tes propres écus, les candidats bizeautés, la banque armée et maîtresse. Mendiante ruinée de tes tenants, sois aussi la dupe bouffonne des mensonges de tes institutions prétendues démocratiques. Pour moi, de peur de t'aider dans tes hontes, je n'irai ni puiser ni verser à la source impure. Tu seras, si tu le veux, tout entière à tes profits « d'emprunts nationaux », à tes splendides retours de guerre, moi jamais ! Silencieux, inflexible, armé de mon bulletin inutile, sans but, sans espoir mais sans faiblesse, jusqu'au bout, fussé-je seul, j'irai voter contre tous et contre toi.

Ceci est le présent : sans le voir voilà où tu tombes. Quant à l'avenir, ah! je le sais, tu le récuses. Les yeux éblouis par les soleils historiques étalés sur tes parvis, tu nies qu'il vienne précédé d'une ombre. Il vient pourtant. Où l'ombre est-elle ? De quel côté vient-elle ? Moi non plus, je ne sais ; mais je la sens à son froid. Eh ! quoi, n'as-tu pas donné un blanc-seing et ne faut-il pas qu'on en abuse ? Vit-on sans liberté ? Ne meurt-on pas de la violation des lois ? Est-ce qu'on ne périt plus par l'épée ? Quand les pères ont vendu, pour un peu d'ordre, leur droit de paix et de guerre, est-ce qu'il est sans exemple que des milliers de leurs fils aient dû périr pour sceller de leur sang les assises d'une dynastie ?

A Dieu ne plaise que j'appelle le malheur sur toi ; que j'en évoque les malédictions sur toi comme un prophète ! Non ! Mais enfin, si après ce qui s'est passé tu étais forte, influente, heureuse, tranquille, respectée, prospère, dis, où serait donc la mora- lité de l'histoire ? Que deviendrait la moralité de l'histoire ? Non ! Tu as failli, démérité, forfait. Tu as été lâche et criminelle. Eh ! bien, au-dessus

des liens du sang, au-dessus du cœur, au-dessus
des souvenirs, il y a la justice. Avant tout, j'ai soif
de justice. Catastrophe ou mort, douleur ou honte,
déclin lent ou ruine soudaine, quel que soit pour toi
le mot du Destin, sache-le bien je siége aux côtés du
Destin. Vienne la sentence, je puis trembler, crier,
souffrir, mourir de douleur pour toi, par toi, mais
j'adhère : il le faut, je le dois, entends-tu ? J'adhère.
Quoi qu'il arrive, tu l'auras mérité !

TROISIÈME PARTIE

———

JOURS NOUVEAUX

———

POURQUOI JE REPRENDS LA PAROLE

I

Antres mobiles. — Défense personnelle. Œuvre de justicier et de justice.

Non non ! Grand Dieu ! Il n'est pas de nuit qui soit éternelle. La plus douloureuse, la plus lente à finir a pourtant son aurore et cette aurore est le commencement d'un nouveau jour. Pendant de longs mois, l'hiver étend au loin son immense drap mortuaire durement cloué à tous les bords de l'horizon. Qui ne dirait que tout est mort en effet, muré, enseveli à tout jamais ? Vingt jours passent et voilà qu'une nouvelle année sort tout éclatante de son printemps, comme un bourgeon qui jaillit gros de sève et de vie de son enveloppe brisée.

Ainsi en va-t-il de l'âme humaine. Pour elle non plus point d'hiver sans fin ; pour elle non plus pas de nuit qui soit éternelle. La haine est lourde à qui la porte. Qu'arrive-t-il ? Quitte à ne pas la perdre de vue, on la pose un moment sur le bord du chemin. Combien de fois on l'y oublie ! Combien de fois le mépris s'éteint, l'indifférence s'use, le ressentiment se fond et pardonne ! Appuyé sur le droit ou ranimé par la perpétuité des outrages, réussit-on à se raidir dans le sentiment de l'offense ? Soit ! On continue de haïr ce que l'on hait, de mépriser, de dédaigner ce qu'on méprise et dédaigne. Et après ? Après ? Eh ! bien, on aime à côté de sa haine. Après ? Au moment où l'on s'y attendait le moins, on s'attache à d'autres objets pour lesquels comme pour ceux d'autrefois on s'attendrit, on se passionne. Eh ! quoi ! c'est la loi de la vie. Impossible que l'esprit cesse de penser, le cœur de s'éprendre. Non ! jusqu'au bout il faut souffrir, s'inquiéter, espérer, chérir, lutter, tant, oui tant que dure la vie.

A défaut du ressort même des forces humaines, à défaut de l'entraînement invincible du penchant intérieur, partout, toujours, une autre force qui ne défaille ni n'oublie vient du dehors imposer le réveil. Cette force, ce sont les contrecoups des événements marchant et frappant à travers le monde sous la puissante et mystérieuse main qui les mène.

Quelle puissance que celle-là ! Quel poète que le

poëte de ce drame sans fin du monde ! A côté de lui quels pygmées, quel néant faut-il dire que les imaginations des hommes, fussent-ils les plus grands des hommes ! Quel dénûment d'un côté, quelles inventions misérables et ridicules ! De l'autre, quelles ressources extraordinaires ! Quels coups grandioses, effrayants !

Avec les premières, à moins d'être bien complaisant ou bien maladroit, qui ne devine ? Julie est à la mort ; mais quoi ! c'est l'héroïne, elle débute et ne sens-je pas sous ma main droite au moins deux cents pages ? Comme me voilà tranquille ! Je touche à l'avant-dernier feuillet de Werther. Décidément, les pistolets de Charlotte devaient servir tout de bon et le roman appartient à la classe éminente du roman qui finit mal. — Avec l'autre, le poète du monde, ah ! comme il en va d'une autre allure ! Elle est jeune, belle, tout lui sourit. Devant elle, les jours s'ouvrent comme sans fin. Qu'importe ! Celui-ci met le pied sur le premier degré des ambitions heureuses : l'avenir est superbe. Ceux-là ! ils sont forts, heureux, aimés, touchants, puissants, héroïques, nécessaires. Eh ! qu'importe encore ! Individus, familles, peuples s'élèvent, tombent, flottent, disparaissent. Avec lui tout arrive ; mais c'est toujours l'imprévu qui arrive. Par-dessus tout, comme il use à foison de la mort ! Comme les personnages jonchent les planches au cours des actes ! Pas un qui reste debout à la fin de sa pièce : c'est comme au boulevard du crime, à cela près que personne n'a l'envie de rire et que le mélodrame est terrible.

On imite, on copie ses moyens. On met en œuvre ses procédés, ses traits tragiques. Comme ces épreuves sont gauches, effacées, pâles ! Tenez : vous êtes au théâtre : ce léger frisson que vous ressentez à ce passage, notez cela soigneusement ; c'est la marque de ce qui s'appelle du sublime. Ce moment d'exaltation satisfaite que vous trouvez au bout de ces quinze vers, c'est l'effort du génie. Ces quelques pleurs que vous versez pour lui, c'est la gloire : il n'y a rien au-delà.

Or, quittons donc un moment la scène apprêtée et descendons dans la rue. Allons revoir l'autre drame, le simple, le terrible drame de la vie. Tenez : on annonce à cette pauvre fille que celui qu'elle aimait l'abandonne. La voilà folle. Eh ! oui folle ; et c'est pour la vie. On vient de dire à cette femme que son fils est mort. Elle est morte, morte de vrai, à telles enseignes qu'il ne reste qu'à la mettre en terre. Or, dites-moi, que s'est-il donc passé dans ces têtes désormais muettes ? Quel langage le poète de la vie a-t-il donc su, lui, prêter à la douleur, quel accent la douleur a-t-elle donné à son message pour qu'un mot ait ainsi froudroyé deux pauvres cœurs ; pour qu'un mot ait ainsi anéanti d'un coup, en un instant, la raison et la vie ? A côté de cela quelle pitié, n'est-ce pas, que le sublime, les pleurs délicieux, le frisson littéraire, et dites-moi ce que peuvent bien valoir à ce prix tous les « adieu Perdican » ou tous les « qu'il mourût » du monde !

Un trait est particulièrement saisissant sous la main du grand auteur des choses, c'est la profusion de la force jusqu'au dédain absolu de la force. Rien qui vaille à ses yeux. Rien qui lui coûte. Rien non plus qu'il dédaigne et tienne pour au-dessous de lui. On sent qu'au regard de son infini, le soleil de l'espace qui brûle cent millions de lieues pendant cent milliards d'années ne pèse pas plus que la chandelle d'une de nos chambres d'auberge, et ce défaut constant de proportion entre le moyen et l'effet étonne et trouble par un témoignage accablant de la puissance.

Tantôt, sans poids, sans mesure parce que tout est égal devant sa mesure, c'est la cause infime qui se traduit dans un résultat pour nous immense. Un vermisseau élève des continents du fond des mers. Deux gouttes échappées d'un verre d'eau sont la paix ou la guerre pour quatre empires. Un coup d'éventail coûte l'asservissement séculaire d'un peuple de trois millions d'âmes, sans compter cent mille hommes et quatre milliards aux vengeurs. Tantôt éclate la contrepartie de ces jeux insensibles. Un insecte périt? Fallait-il donc pour cela un cataclysme? Un pied de buis se détache dans une avalanche? Eh! quoi! pour l'anéantir fallait-il donc pareil orage? La campagne de Russie ébranle tout un monde humain. Suivez-en les contrecoups retentissants et vous trouverez peut-être que dans je ne sais quel coin perdu, elle s'en va faire le dénouement douloureux de quelque humble amour de village.

Invisible arbrisseau à peine fixé sur mes trois pouces de sable mort, c'est ainsi que j'ai été frappé, je ne dirai pas perdu dans la foule mais à l'écart de la foule, avec elle et comme elle.

Jaloux de me garder de son commerce autant que de la communauté de ses destinées, avec quel soin je m'étais emmuré de son côté de cent pieds de murailles, ne me laissant d'air et de jour qu'à l'opposé, sur les solitudes silencieuses de l'insensibilité, de la sécheresse volontaire du cœur et des pures méditations de l'esprit! Est-ce que ces murailles fussent tombées d'elles-mêmes? D'elles-mêmes? Oh! Jamais! Non jamais d'elle-même, je le crois, cette insensibilité ne se fût réchauffée; jamais de lui-même ce détachement, ce trésor d'indifférence n'eût tari. J'étais comme à l'abri des siècles.

Mais l'invasion est venue. L'invasion ! et tout a changé. Dans mon âme, elle a passé comme un feu. Abattant tout autour de moi, entre le monde et moi, de sa force irrésistible elle a mis à nu ma retraite, y projetant ses coups avec ses tonnerres. Quelles angoisses ! quels souvenirs !

Un soir, heure cruelle ! le drapeau national s'abaissait à l'approche des premiers détachements de l'ennemi. Le lendemain, l'Allemand foulait le sol de nos rues de son pied brutal, heurtant de l'épaule au milieu des rues les populations inoffensives et portant dans les yeux, avec sa haine héréditaire, la menace d'une violence ou d'une insulte. De ce jour, pas une semaine qui ne parût en deuil de nos défaites : de nos défaites rendues plus amères apportées qu'elles étaient à nos oreilles par des bouches ennemies et dans une langue étrangère. De ce jour enfin, pendant toute une longue année, sous la lourde main du vainqueur, n'a-t-il pas fallu, rongeant le chagrin et la honte, pratiquer l'hospitalité trois fois odieuse : celle que la guerre impose au vaincu ? Ah ! me suis-je écrié cent fois, je veux vivre et puissent vivre avec moi ceux qui ont avec moi dévoré jour à jour ces humiliations et ces colères pour, au

milieu des enfants qui grandissent, en jeter longtemps les douleurs, les leçons, les rancunes aux
quatre vents du ciel !

Et quelles blessures plus dures encore peut-être
que les défaites ! Quoi ! la vieille France, celle où
l'on ne savait pas pâlir à la pensée des funérailles (1);
la fière nation, la guerrière, la glorieuse, la vaillante
fléchit sous le faix d'un sentiment nouveau, celui de
la peur qu'on lui a sur le tard appris à connaître?
Quoi ! l'appât du lucre, du lucre sous le coup du
malheur public, étouffe la voix du devoir ! La crainte
de la mort, comme un vent rapide, emporte l'appel
déchirant du pays ! La haine politique domine le
souvenir de la patrie ! Cent sortes d'égoïsmes para-
lysent la défense nationale ! Quoi ! n'aura-t-il pas
suffi d'être frappé, abattu, démembré ; faudra-t-il
encore être déshonoré? Depuis l'Empire, la France
n'a-t-elle plus de sang dans les veines? Quoi ! alors
que je tressaille sous la secousse, ne trouvera-t-elle
pas au moins le réveil ?

Entendons-nous bien. L'invasion m'a touché de
son aile, et elle m'a remué jusqu'au fond des entrailles. Quand à la lueur de son souvenir et en suivant ses traces, je jette un coup d'œil sur moi-même,

____

(1) *Non paventis funera Galliæ.* C'était le témoignage d'étonnement mêlé d'admiration qu'Horace rendait à la vieille Gaule.

je ne reviens pas de ce qu'elle a fait de moi. Est-ce
à dire pourtant qu'elle ait eu la divine puissance de
faire revivre en moi l'homme des premiers jours et
de ranimer les sentiments et les ardeurs de mes
jeunes années ; qu'elle m'ait replacé avec eux sur
mes anciens chemins ?

Oh ! non. Encore une fois et je l'ai dit déjà dès les
premières pages de cet écrit : ce qui est mort une
fois est bien mort. Nous parlions tout à l'heure de
longues nuits que le jour finit par suivre, d'hivers
mornes que le printemps efface. Oh ! oui, mais les
forces qu'a usées la nuit d'insomnie en sont-elles
moins perdues ? mais les créatures que l'hiver a tuées,
celles dont l'existence eût pris place dans les mois
qu'il a rendus stériles en ont-elles moins disparu
sans retour ? Rien ne revit. D'autres commencent de
vivre, et si la scène de la vie est toujours occupée,
n'est-ce pas uniquement parce qu'elle se remplit
d'autres acteurs ? — Ainsi de moi. Est morte et morte
à toujours, avec sa ferveur et tous ses traits d'autrefois, morte avec ses compagnes jeunes et généreuses
comme elle, cette passion d'être utile qui pendant
longtemps m'a fait vivre ; mort à toujours l'enchan-
tement de ce sentiment jadis si fort de l'amour des
hommes ; mortes à toujours, avec les fruits qu'elles
recélaient dans leur sein, les années vainement écou-

lées dans l'inaction déterminée, l'irritation légitime et la solitude.

Non ! mais ce qu'a fait pour moi l'invasion, c'est qu'elle m'a restitué la force. C'est que sa main en me touchant dans la nuit m'a donné le sursaut à qui nul sommeil ne résiste. C'est par elle et dans ses grands bruits que le poète de la vie, s'inclinant à mon oreille, a fait pénétrer en moi ce langage foudroyant dont je parlais tout à l'heure, qui prête son accent à la douleur, qui le prête aussi à l'humiliation, à la révolte, au patriotisme. Avant elle, abattu, fatigué, dégoûté, blessé, je n'avais plus de mobiles et, ainsi que je le confessais il y a peu d'heures, je retombais sur moi-même désespéré de n'avoir plus de mobiles. C'est l'invasion qui m'a rendu des mobiles, mobiles nouveaux, puissants, infrangibles, qui ne peuvent ceux-là ni se lasser, ni fléchir, ni disparaître, parce qu'ils ne dépendent que de moi et n'attendent rien de personne. Je ne savais plus, je ne pouvais plus vouloir. C'est elle qui m'a réappris à vouloir.

Eh ! bien, donc, réveillé, guidé, pressé par elle, aujourd'hui qu'est-ce que je veux ? Ce que je veux ? Oh ! d'abord je veux me défendre.

Eh ! quoi ! j'ai été frappé, meurtri par l'invasion. Qu'ai-je fait pour cela ? Comment ai-je mérité ces

épreuves, ces dangers, ces angoisses? L'invasion !
est-ce qu'elle n'est pas la fille de l'Empire, le prix
de son ordre satisfait, de sa liberté confisquée, de ses
guerres intéressées, de ses prospérités menteuses,
de ses prétendues grandeurs et gloires ? Est-ce
qu'elle n'est pas la rançon, je ne dirai pas inégale,
non jamais, mais je dis hautement la rançon écrasante de sa chute ? Est-ce qu'elle n'a pas été provoquée, préparée, assurée par les fautes de l'Empire ?
Et qui donc a consacré, acclamé, maintenu, par-
donné, couronné l'Empire ? Qui l'a fortifié et miné,
enivré et égaré, perpétué et perdu sinon les complicités, les lâchetés des intérêts, l'ardeur des manieurs
d'argent et des spéculateurs d'affaires, la soif du
lucre, l'imprévoyance des convoitises, l'amour lâche
ou forcené du repos ?

Or, est-ce que j'ai, moi, à un moment, à un degré
quelconques, donné les mains aux imprudences, aux
mensonges, aux pusillanimités, aux fautes, aux
crimes de l'Empire ? Jamais ! pas un jour, pas une
heure ! D'un bout à l'autre, j'ai protesté contre lui ;
partout, toujours, j'ai voté contre lui ; du premier
jour au dernier jour, je l'ai accusé, démasqué pour
ma part, flagellé pour ma part, lui et les lâchetés
qui le soutenaient. Mystère d'iniquité ! Quoi ! dans
ces calamités le défaut absolu de culpabilité ne sauve

pas de la peine? Quoi! l'accomplissement isolé du devoir mène — droit à l'expiation commune? Nous le disions il n'y a pas très-longtemps, c'est chose ordinaire de se révolter quand celui qui n'a pas été à la peine est à l'honneur. Mais, en vérité, quel bien autre outrage au droit que celui-là qui n'a pas été à la faute se trouve à la barre du tribunal au jour de la sentence, à la grève le jour de l'exécution!

Eh! quoi encore! Je n'ai pas seulement protesté; j'ai rompu, je me suis séparé. Entre les coupables et moi, j'ai mis le mépris avec ses cent pieds de murailles. Cherchant mon refuge dans la vie intérieure, pour n'avoir plus à souffrir en moi-même d'impuissantes révoltes, j'ai tranché d'un coup ces mille fibres douloureuses qui nous attachent à la cité, aux hommes, à la patrie. Je n'ai voulu trouver de son côté qu'une scène presque étrangère en regard d'un abri. Or, la catastrophe est venue et elle a emporté du même coup les murs et le sol, le contempteur et le mépris, le spectacle et le fauteuil. Ainsi donc le refuge était vain. Ainsi se trouvaient pareillement frappées d'impuissance précautions et résistance, prudence et énergie, murs et abîmes, et au point de vue du sort, le sacrifice n'a pas été mieux ménagé que le droit.

Mais alors, n'est-il pas manifeste qu'à cette situation correspond une action réelle entre les mains de celui qu'elle menace et peut anéantir? La société est la plus forte, soit! Elle a le dernier mot, rien ne lui résiste, et elle est la plus forte même contre le droit, le devoir et la raison ! Mais par contre, n'est-il pas visible que l'individu menacé prend barre du même coup sur elle, et que certains des droits politiques dont il est en possession s'accroissent démesurément jusqu'à constituer véritablement un droit nouveau ?

Quelle est en effet la mesure de l'autorité d'une réclamation, le titre sur lequel elle s'appuie, la va-leur du droit qu'elle invoque? C'est, n'est-il pas vrai, l'étendue même de l'intérêt. Or, jusqu'ici quand en face de la société s'élevaient les réclamations des libéraux, des clairvoyants et des prévoyants, des lé-gistes, des économistes réformateurs ; quand elles se prononçaient contre le pouvoir absolu, les spolia-tions légales, les priviléges, les confiscations de droits civils ou politiques, sous quels traits apparaissaient-elles ou pouvait-on tout au moins les travestir? Elles étaient, disait-on, de simples satisfactions de l'es-prit, des fiertés de raffinés, des goûts de délicats, menus besoins de menues aristocraties, ou encore des spéculations pures, hasardeuses ou contestables, d'importunes impatiences de gens qui ne savent pas attendre l'incertain ni prendre leur parti de l'inévitable. Vous voulez, leur eût-on dit volontiers, vous voulez donner satisfaction à votre besoin d'agir, d'améliorer, d'élever, de grandir? Je ressens, moi, celui de me reposer et de jouir de la prospérité acquise. Nos besoins se valent. Pourquoi céderais-je? Dans l'intérêt de votre impatience, vous me demandez de vous donner au profit de vos progrès quinze ans d'une vie active et dure? Pourquoi ne vous demanderais-je pas quinze ans d'ordre, vaille que vaille, dont j'ai besoin pour faire fortune?

Aujourd'hui, après les blessures de l'invasion, au reflet de ses lueurs sinistres, ah! certes, tout a changé. Vous me demandez, faut-il dire, vous m'imposez un régime de pouvoir absolu? L'épreuve est faite : vous me menacez dans ma vie. Vous voulez donner au souverain le droit de guerre? Vous soutenez des priviléges odieux qui énervent la population et affaiblissent l'armée? Prenez garde! J'y suis de mon honneur et de ma vie. Allez-vous me parler encore de votre repos, de vos loisirs, de vos gains, de vos manques à gagner comme vous dites en votre triste langage, de vos plaisirs, de vos affaires? Quel néant! Quelles pitoyables misères que tout cela! Si je résiste, moi, c'est au nom d'un intérêt suprême et sans égal, c'est appuyé sur ma vie et la vie de ceux qui m'appartiennent : je défends ma vie et leur vie.

Comprenez-vous à quel point, dans une situation pareille, des rôles importants se trouvent modifiés d'une façon profonde, à quel point la défiance de soi s'impose à la société avec le souvenir des fautes ; la tolérance, la condescendance avec la contrition ; la modestie, la réserve avec la pénitence ; à quel point aussi par voie de conséquence, s'agrandit du même coup vis-à-vis d'elle le droit de l'individu au conseil, à l'action, à la prédication, à la résistance légale ?

Or, ce droit agrandi, c'est de lui que je veux user. C'est de lui que j'entends parler quand je parle de me défendre. Me défendre ! Mobile en vérité nouveau ! Mobile pour moi presque étrange qui marque bien à mes yeux le champ parcouru, les transformations subies et qui, autrefois, sous l'empire du devoir et de l'élan désintéressé, ne se serait pas même offert à ma pensée.

Me défendre, ce sera donc maintenir à tout prix légal ces institutions libres sans lesquelles il n'est pas de sécurité ni de paix. Me défendre, ce sera donc combattre et combattre jusqu'au pied du mur de la loi ces mille iniquités de tout rang et de toute taille que le maintien du pouvoir politique aux mains d'une classe restreinte pendant des années a forcément accumulées autour de nous, à notre grand péril. Me défendre, ce sera de saper par le pied et de toutes mes forces ces faveurs d'impôts à qui Bastiat ne craignait pas d'infliger le dur nom de spoliations. Ce sera de lutter à outrance contre tout ce qui nous affaiblit, nous appauvrit, nous désunit, nous déshonore : superstitions attardées des vieux âges, ignorances coûteuses, pernicieuses aspirations à l'oisiveté, stupide et dangereuse toute-puissance de la fortune, défiance de l'instruction, inégalités d'instruction séparant les sexes et les classes, corruption des mœurs outrageant l'un des sexes et perdant l'un et l'autre, religion du gain qui paraissait en passe, il y a quelques années encore, de devenir l'unique morale d'une société à l'exclusion de la probité, de l'honneur, du patriotisme et qui menace de tarir la population même de la France.

Jusqu'où irai-je dans cette voie ? Jusqu'où portera ma cognée dans la culée séculaire ? En détachera-t-elle des parcelles ou des débris ? Je ne sais. Ce que je sais bien, c'est qu'à l'issue de la lutte et pour peu qu'elle dure, j'aurai le droit de répéter, sous l'œil de l'opinion libérale-républicaine, ce que disait à son Dieu le croisé las de combattre : j'ai fait mon devoir ; à présent fais le tien !

Mais se défendre, est-ce assez ? Les injustices, véritables porte-à-faux de l'édifice social, en préparent la ruine au risque de nous ensevelir sous les décombres ; mais elles sont en même temps d'odieux champs de profits qu'on exploite. Elles menacent notre sécurité, mais elles suscitent à bon droit nos colères, au spectacle scandaleux de leurs jouissances souvent assurées, sous l'égide de la loi, de l'impunité, de la paix, de la faveur même et de la considération publiques. Elles nous blessent enfin dans nos intérêts et elles soulèvent nos consciences. On en souffre, mais elles révoltent.

Or, ici, est-ce que résister peut suffire ? Est-ce que cette résistance satisfait l'esprit ? Est-ce qu'elle accomplit toute la tâche et paie toute la dette ? Après elle, est-ce qu'on sent dans le for intérieur que tout soit fini ? Non, non ! Se mettre à l'abri constitue un acte de sagesse. Prévenir les imprudences, paralyser les témérités, les lâchetés est d'un intérêt capital ; rejeter si l'on peut les fautes sur ceux qui les ont commises, est un droit utile, sain, impérieux, nécessaire. Malgré tout, il n'y a dans tout cela qu'une série de précautions purement personnelles et que l'intervention d'un égoïsme prévoyant, relevé parfois par le souci des affections et par la préoccupation politique. Mais au-delà, mais au-dessus de ces légitimes exigences, est-ce qu'il n'apparaît pas un autre principe supérieur, dominant, presque sacré et dont

la voix haute, sévère, efface toutes les voix : le principe de l'expiation, la voix de la justice ?

Est-ce que ces fautes en effet se commettent toutes
seules ? Est-ce qu'elles ne sont pas suggérées, pour-
suivies, imposées par des intéressés fort conscients
de leur but, de leurs gains, de leurs moyens ? Est-ce
qu'avec des fautes, nous n'avons pas à perte de vue
sous nos yeux des coupables, individus ou classes ?
Est-ce que ces coupables ne vivent pas sciemment
de ces priviléges : spolations et exploitations sans
vergogne, situations injustes entretenues au détriment d'autrui, du labeur, des privations et de la
substance même d'autrui ; sur le bien d'autrui ; du
labeur, des privations et de la substance même
d'autrui ? Ces situations, dites-vous, sont couvertes
par l'autorité du temps, avouées par la loi ? Eh !
qu'importe ? Est-ce que la jouissance injuste ne
s'aggrave pas encore au contraire par la durée des
perceptions indues, la perception indue par la séduction ou la confiscation de la loi, la confiscation de la
loi par l'emploi de la ruse et de la fraude, la fraude
par la sécurité des jouissances dérobées, la sécurité
par l'insolence du faste, le faste par la dureté de
cœur, la dureté de cœur par la risée sournoise ou
effrontée des peines, de la justice et de la loi ? Eh !
bien, oui, il en est ainsi sans nul doute. Mais alors

n'est-il pas vrai que le cri de la conscience éclate, net, ferme, impérieux : non, dit-elle, il ne suffit pas que tout cela disparaisse ; il faut encore que tout cela soit châtié !

Pour moi, je l'avoue, c'est ce cri qui me frappe bien plus encore que le soin de ma sécurité. C'est ce besoin de faire justice qui me presse, bien plus encore que celui de me défendre, et s'il me fallait choisir, je dirais de grand cœur : Oh ! que je sois plutôt frappé, mais que la prévarication cesse et que la justice soit accomplie !

Est-il donc parmi nous quelque reste de cette institution condamnable qui s'est appelée « le système protecteur », protecteur en effet qu'il était des industries aristocratiques en violation des profits plébéiens et des salaires ? Ce système a-t-il laissé des survivants, des frères ? Son esprit n'est-il pas mort ? Anime-t-il encore de ses erreurs, de ses regrets, de ses rancunes, de ses espoirs de revanche les classes qu'il a fait vivre ? Eh ! bien, il ne suffit pas que ces restes soient balayés. Il importe d'en jeter l'esprit aux gémonies. Est-il des formes d'organisation, des habitudes, des tolérances en matière d'impôt, de finance, de banques, de crédit, qui, encore mal connues, dévorent la substance du travail au profit de ce qui n'est qu'à demi le travail ou n'est point du tout le travail ?

Puissé-je en démasquer les erreurs, les calculs et les détournements, les illusions, les ruines et les mensonges ! Puissé-je, par dessus tout, avec les saines doctrines de l'économie politique et la lumière, y faire pénétrer la clairvoyance en armes et l'opinion justement irritée !

Sait-on sur notre sol des gens, des partis, des classes qui jamais ne pensent avoir leur dû s'ils n'ont reçu vingt fois la part légitime des autres, pour qui l'égalité est une injure et le droit commun un supplice ? Il faut abattre, je dis abattre et flétrir ces malsaines et outrecuidantes prétentions.

Pour eux, point d'édifice social habitable à moins qu'ils n'y possèdent, par privilége, droits politiques, pouvoir municipal, fonctions publiques, accès lucratif de l'armée ou exemption du service de l'armée suivant leur intérêt ou leur caprice. Eh ! bien, il importe de clouer au coin des rues ces exigences qui ne sont pas seulement par malheur des ridicules, mais qui sont aussi de nos jours des dangers publics.

Est-il vrai que dans certaines sphères, on s'imagine qu'il n'est pas de mauvais gains ; qu'en matière de gain, tout est licite ; qu'un ennemi peut être un acheteur comme un autre, une réquisition de guerre un beau rêve tout comme une expropriation heureuse ;

une armée d'invasion une clientèle, l'invasion une affaire?

Quand, par amour forcené de son repos, on a jeté son pays aux abîmes des plébiscites, est-on quitte de certains côtés pour l'abandonner à propos tranquillement, le temps de l'orage, après avoir mis six mille francs dans sa poche, sauf à écrire de Brighton ou de Londres, de Hambourg ou d'Ostende à ses amis restés en France : ici on se repose, on trafique, on s'amuse?

Nous parlions tout à l'heure de la prépotence de la fortune? Qu'elle prenne garde de violer les droits politiques des citoyens et de les frapper de néant dans leurs mains par des achats de votes irrésistibles! Qu'elle prenne garde! Pour elle, il n'y aura ni loin ni longtemps de là à devenir un ennemi public. — Nous parlions des serviles adorations de la fortune? Soulevons sur ces complicités, ces bassesses, tout le mépris public! — Nous parlions de l'abandon de tout un sexe trahi par la loi et, par la trahison de la loi, condamné à subir la dépendance, l'abaissement de l'habitude de la ruse, à fournir tous les ans un contingent d'opprobre et à côté de l'impôt du sang à payer l'impôt de la honte? Montrons, oui, montrons tout ce qu'il en coûte au pays; mais avant tout au nom de la justice éternelle, faisons que jusqu'à résipiscence il en coûte l'honneur à la société lâche et complice !

Est-il vrai que pour certains esprits habiles à saisir le prestige et le pouvoir dans la satisfaction donnée aux âpres intérêts du siècle, l'ignorance soit une garantie de privilégiés, la religion une institution politique, la superstition une sauvegarde de propriétaires, la promesse d'une vie future un leurre, un contr'échange pour faire accepter paisiblement les inégalités de la vie présente ? Eh ! bien, dans ces termes, ce n'est pas assez, ce n'est rien de dire que la manœuvre soit périlleuse et vaine. Non ! il faut proclamer, crier sur les toits que c'est là une conception absolument abominable et qu'il faut écraser, anéantir sous la réprobation de l'opinion et de l'histoire.

Lourde tâche que toute cette tâche ! car la liste est longue et ne serait pas près d'être finie. Tâche difficile, dangereuse, sur le seuil de laquelle je dois redire à meilleur droit encore que tout à l'heure : Jusqu'où irai-je ? — Eh ! qu'importe ! cette tâche difficile, amère, périlleuse, elle m'appartient et je la veux. Elle me séduit, m'attire et je l'embrasse.

Elle m'appartient et je la veux ! Pourquoi ? Parce qu'atteint durement et plus d'une fois par plus d'un stupide préjugé de l'état social, frappé et plus d'une fois par ses denis de justice, je compte en somme et tiens à compter dans l'armée de ses victimes ; parce que j'ai cet avantage de pouvoir dire à mon tour : « pars fui ; » parce que j'ai ainsi qualité pour, au nom des ayants cause, me présenter à la barre et pour y élever la voix. Elle m'appartient et je la veux, parce qu'au souvenir éternellement présent de plus d'un outrage, je suis sûr de trouver en moi la rigueur, l'âpreté, la persévérance nécessaires pour la poursuivre sans ménagement ni coupable faiblesse ; parce qu'en même temps, je sais bien que je porterai dans ma besogne d'exécuteur la mesure qui en fera la force, garanti que je suis par quelque chose de plus sûr encore que l'amour même de la justice : je veux dire l'orgueil personnel, l'intérêt de ma cause et la peur de me voir amoindri par la partialité ou l'excès.

Elle m'attire et me séduit ? Pour elle je reprends la parole ? Pourquoi ? Précisément parce qu'elle est dangereuse, parce qu'elle est grande d'une grandeur exceptionnelle entre toutes les tâches humaines.

Et en effet, jetez donc un coup d'œil sur l'emploi que donnent à leur vie la plupart des hommes. — Est-ce le plaisir ? Quelles misères ; quel but infime ; quel aliment indigne et insuffisant pour tant de jours ! comme s'agitent constamment les cordes les plus basses, les fibres les plus grossières de l'âme ! comme se taisent éternellement les plus hautes et les plus pures ! — Est-ce la poursuite de la fortune ? Convoitises qui rongent, égoïsme qui ravale, désirs sans mesure, soif d'acquérir sans fin, entassements sans limite, calculs mesquins ou honteux, compromis ou commerce avec l'improbité, la mauvaise foi, l'insensibilité : c'est son lot. Quel partage ! — L'exercice d'un pouvoir ? Quel orgueil de fourmi embrassant le monde du haut de son grain de sable ! quelle vanité risible ! Néant quand il était, faut-il dire, je n'ai fait que passer il n'était déjà plus. — Êtes-vous enfin inventeur hardi, heureux, habile, poète célèbre, écrivain de génie ? Oh ! soit ! vous avez vécu pour vos semblables. Vous avez apaisé des dénûments, élevé des esprits, des âmes, calmé des misères, vous avez enchanté, instruit, consolé. Cela du moins est honneur et grandeur. Vivez : vous avez mérité de vivre.

Mais malgré tout, mais en regard même de ces lots exceptionnels, faire justice ! Ah ! faire justice, quelle différence encore ! Quoi ! aimer sans réserve la vérité, le droit ; les chercher, les trouver, les tenir et rester là sans peur ! Quoi ! être prêt à les confesser, à les dire sans songer à brider son cheval ! Les proclamer, les défendre sans poser la main sur la selle ! Quoi ! haïr le mal et les méchants et les complaisants des méchants ! Juger, châtier, punir, être le ministre de ces grandes sentences, l'éxécuteur de ces hautes œuvres ; bouclier de diamant pour l'opprimé, massue de flamme contre l'oppresseur, abriter partout de toutes ses forces la paix sans reproche, les intérêts légitimes, le bonheur mérité, sauvegarder partout le droit, au cri de : justice, ou frapper celui qui a violé le droit, ce qui est encore faire régner la justice, est-ce assez de dire que c'est la plus haute des tâches humaines ? N'est-ce pas faire œuvre divine ? (1).

Oui ! œuvre divine en effet ! Divine par son essence, divine en ce qu'elle échappe absolument à toutes les conditions d'étendue, de durée, de nombre qui forment la mesure ordinaire et accusent l'infirmité des œuvres humaines, en ce que la moindre de ses parcelles est du même or et du même prix que l'ensemble ; que le secours au droit d'une nation, d'une famille, d'un enfant, que le combat pour le droit pendant une vie, un jour, une heure sont de même métal, du même titre et de même valeur, se placent entre eux sur le même rang et sur le même rang en-

(1) Il est digne, disait Aristote il y a plus de deux mille ans, il est digne d'un être mortel de participer autant qu'il est en lui aux choses immortelles.

core avec la justice éternelle maintenue dans l'immensité des mondes pendant tous les siècles des siècles.

Prenez l'idée la plus haute et la plus éclatante que l'imagination du poète, la foi du chrétien, la raison du philosophe se fassent du Dieu qu'ils chantent, conçoivent ou adorent. Envisagez en esprit l'être éternel, le sceptre en main sur le trône du monde. Soit ! Vous pouvez le défier dans sa toute-puissance de rien faire de plus grand qu'un acte de justice.

Ainsi, dans l'œuvre de justice, la pauvre créature humaine, avec sa fragilité, son néant, ses cinquante ans de jours fugitifs et misérables, est, eh ! quoi donc ? l'égale de celui qu'elle appelle l'Éternel, et elle est son égale non pas dans quelque tâche inférieure et perdue de sa journée, non, mais dans la plus haute des œuvres qu'il accomplisse.

II

Gouvernement aimé. — Le Culte des idées.
Les Générations nouvelles.

Heureux qui sait haïr ! celui-là seul est droit et brave vis-à-vis du mal. Le mal est haïssable. Honteusement coupable qui prend de lui son parti sous prétexte qu'il est inévitable, et que ce qu'on en voit aujourd'hui on l'a vu toujours ! Complice odieux qui le laisse passer, fût-ce sous le feu de son discret mépris, à la seule condition de rester à l'abri de ses taches comme de ses coups ! Traître et lâche qui se défend de le voir dans l'intérêt de son repos, pour échapper tout ensemble à la honte de le souffrir et au risque de le combattre !

Ce qu'on doit au mal, à l'iniquité sous toutes ses formes et derrière tous ses masques, au nom des lois éternelles, du monde, de la conscience, ce n'est pas même d'y répugner, de s'en détourner, d'en regretter sous une amertume muette les insolences, les ruses, les violences, les rapacités, les perfidies. Non ! ce qu'il faut pour toutes et pour chacune, c'est les flétrir, les poursuivre, s'élever contre elles de toutes ses forces, les condamner, les frapper sans rémission, sans trêve, sans quartier, sans faiblesse. Eh ! quoi ! n'accomplir que la moitié de sa tâche, est-ce que c'est accomplir sa tâche ? La vérité, c'est qu'à moindre prix rien n'est fait ; c'est qu'à mi-chemin il n'y a que désertion, connivence, impuissance, faute, crime.

Heureux qui sait haïr ! celui-là seul touche à la pleine valeur morale. Éviter l'iniquité, n'y point tremper, la condamner, la flétrir silencieusement dans son âme, pour la probité, l'austérité, l'honneur, est-ce que c'est assez ? Penchant de nature, respect de soi, préservation de l'orgueil, amour du juste, répulsion d'hermine, ce n'est là encore que la foi qui n'agit point. L'exemple même, quels qu'en soient la beauté, le prix, les droits à la sympathie ou à l'admiration des hommes, l'exemple n'est encore après tout qu'un rayonnement immobile et solitaire, et rien de tout cela ne sort de la vie individuelle et intime.

La foi active, le sérieux mobile, la vertu vraiment

communicative, la qualité sociale par excellence, c'est la réprobation, la révolte, la haine. Au fond, c'est elle seule qui se soucie d'autrui, s'attendrit sur autrui, combat et s'expose pour autrui. Pour qui chercherait des images, la simple recherche du bien s'offrirait à nos yeux sous les traits radieux et placides du saint qui s'observe et se préserve au fond de sa cellule pieuse ; mais l'autre est un chevalier tout en armes, toujours sur l'arène, à la poursuite des oppresseurs, à la défense des opprimés, aussi pur mais militant, priant mais enflammé, épuisé, meurtri, ensanglanté en luttant pour le salut des autres. Entre les deux, pour l'énergie, l'élévation, la grandeur morale, quelle distance !

Heureux qui sait haïr ! Oui ! heureux sans doute et moralement grand, mais il faut ajouter fort et bienfaisant, utile et politiquement nécessaire par delà tous les autres. N'a-t-on pas dit (1) avec justesse que la plupart des progrès des peuples sont l'œuvre des caractères mécontents ? Mécontents ! soit ! cela peut être de mise vis-à-vis des imperfections ordinaires des sociétés, mais en regard des injustices graves fourmillant à nos pieds sous leurs mille manifestations repoussantes, qui oserait parler de mécon-

(1) Le mot est de Macaulay.

tentement ? qui oserait dire qu'elles le mécontentent ?
Non ; n'est-il pas vrai, ce qu'elles soulèvent dans les
âmes c'est la colère, l'indignation, la haine enfin, la
haine bien autre mobile que le mécontentement et
bien autrement universel et fort.

Et c'est ainsi que ces haines vigoureuses, dont a
parlé le poète, sont pour ce monde le grand levier,
le ferment puissant, le moteur farouche, infatigable,
qui ne connaît ni épuisement ni lassitude. C'est ainsi
qu'en elles gît la source maîtresse de toute réformation et de tout progrès.

Oui, sans doute en effet on aime la liberté politique, l'égalité civile, la sécurité, l'indépendance, la
liberté de conscience, la liberté de penser, mais
quand on a souffert pour les avoir négligées, omises,
ignorées, méconnues, repoussées ou perdues. Croyez-
le bien, l'esclave qui ne déteste pas son oppression,
qui ne hait pas son maître, celui-là ne sera jamais
libre et ne mérite pas de l'être. Le peuple qui ne sait
pas exécrer son despote est voué justement au despotisme. Le bien est comme la santé. On y aspire,
on le loue, on le chante, mais en mesurer le prix
c'est ne point l'avoir, et le signe infaillible qu'on le
possède est de n'en rien sentir. C'est le mal qui
pousse, incite, réveille. Tournez toutes les pages de
l'histoire, que trouvez-vous à toutes les pages qu'elle

a marquées d'un signet de quelque valeur ? L'indépendance sortant de la servitude, l'effort de l'épreuve, l'excès des opinions et des caractères de la contrainte dans l'éducation, l'affranchissement de l'intolérance, l'attachement aux libertés des crises de la liberté, la révolte contre le mal du sentiment du mal. La haine est le sel de la terre.

Eh ! bien, oui ! cela est vrai. Mais quel triste partage s'il était seul ! quelle vie douloureuse et désenchantée que celle qui ne connaîtrait pas d'autre sentiment et devrait s'écouler tout entière sous ce sombre ciel ! Quoi ! passer les jours à maudire ! Quoi ! ne voir, ne chercher jamais que des misères et des crimes, des blessures et des plaies, des oppresseurs et des victimes ! Vivre comme un geôlier ou un exécuteur constamment au milieu de coupables ? D'un bout de l'année à l'autre, d'un bout de la vie à l'autre se promener de par le monde, le fouet sans cesse à la main, ou l'épée ou la hache ? D'un bout de la vie à l'autre, ne faire que châtier, venger, punir ? L'œil sec, irrité, l'indignation, l'amertume, la colère dans l'âme ne ressentir jamais, à côté de la pitié fiévreuse et empoisonnée par l'assurance de l'ingratitude, que la répulsion ou le dégoût, sans un repos pour le cœur, sans une consolation pour les yeux, sans une relâche pour l'espérance et pour ce

besoin d'aimer qui nous presse, serait-ce possible?
Qui pourrait résister à cette existence violente si
cruellement tendue et dénuée? Pour revenir à moi,
est-ce là mon lot? Est-ce là tout ce que me vaut le
réveil? Est-ce pour cela et pour cela seul que je reprends la parole et ne trouvé-je rien de plus dans ce
faisceau de mobiles nouveaux que j'ai accueillis
comme un secours?

Non! il s'en faut, par bonheur. On l'a dit cent
fois avec raison : « La fortune nous vend ce qu'on
croit qu'elle donne. » Eh! bien, comme tout le reste
le réveil s'achète, mais il vaut son prix, mais il est
le sentiment et la vie. Les mobiles que m'ont donnés
des événements terribles sont des fils mêlés comme
un écheveau de Parque. Tous ne sont pas de couleur de
deuil, et si le ciel sous lequel ils se déroulent est dur,
inclément, il a pourtant ses éclaircies et ces éclaircies, sans cesser d'être austères, ne sont pas sans
éclat ni sans douceur.

Et d'abord, l'Empire a disparu. Quel soulagement! quelle délivrance! comme on respire! comme
le cœur bat en y pensant! comme la lèvre frémit;
comme la tête se relève! A sa place purifiée, assai-
nie, s'élève un gouvernement libre : la République.
Or, la République je l'ai regrettée, souhaitée, prêchée, chérie, attendue. Eh! quoi, n'est-ce rien, à

défaut d'autres affections que le sort ne laisse pas toujours naître et vivre, n'est-ce rien que d'avoir à aimer un gouvernement qu'on aime? N'est-ce rien que d'avoir à le servir, à le défendre, pouvant le servir et le défendre? N'est-ce pas là un bon et vif amour, un coin céleste, une flamme durable et puissante, une tâche sereine de nature à consoler, à élever, à remplir la vie?

Pourquoi aimé-je la République? Pourquoi tant d'hommes qui me ressemblent l'aiment-ils ardemment comme moi? Pourquoi ce sentiment singulier de satisfaction vague, inconsciente et pourtant très-vive, cette sorte d'impression, je serais tenté de dire de bien-être intellectuel si ces deux mots pouvaient marcher ensemble, que me causent son seul retour, la seule pensée que je vis sous sa loi, alors même qu'au début rien d'appréciable ne paraît changé? Il ne faut pas longtemps pour démêler ce mystère et voir clair en moi-même.

J'aime le gouvernement républicain parce que pour un beaucoup plus grand nombre d'hommes de ce temps qu'on n'imagine, les premiers biens désormais sont l'indépendance et l'honneur; parce que, pour ma part, je tiens la pleine satisfaction de ma dignité personnelle pour mon principal besoin, ses froissements pour de réels malaises, son respect pour ma plus impérieuse exigence vis-à-vis d'un régime politique ; parce que je tiens la mesure de ce respect pour la mesure de la valeur même de ce régime. Or, à ce compte, il me paraît que le régime républicain n'a pas d'égal.

Avec lui, point de souverain ayant des droits à part, indépendants des nôtres, pris sur les nôtres, constitués aux dépens ou au mépris des nôtres. Plus de cet humiliant souci de faire des races de sang royal, des familles naturellement régnantes, soigneusement séparées par le temps, l'éloignement, les alliances, la vie, le dédain, l'insolence, en vue de la suprématie et du prestige. Avec lui, les femmes ont indistinctement, humainement des garçons et des filles : on n'en voit plus pour qui l'on fasse annoncer aux journaux qu'elle vient d'accoucher «d'un prince». Avec lui, point, sur le Carrousel, de cette maison importune où l'on a répété après Versailles : «L'Etat, c'est moi; » où l'on a cessé de le dire uniquement quand on ne pouvait et n'osait plus le dire; où jusqu'à la fin on aurait gardé les droits héréditaires de la couronne, sans nous-mêmes quand nous eussions été disposés à consentir, malgré nous quand nous eussions voulu défendre. Avec lui enfin, quel pas accompli ! comme on le proclamait il n'y a pas encore longtemps dans une harangue officielle, avec lui, « l'Etat c'est nous. » D'un bout de la France à l'autre, il n'y a plus que des hommes, des citoyens disposant d'eux-mêmes à toute heure, ne relevant que d'eux-mêmes. Côte à côte avec la liberté, règne la grande conquête de l'époque : l'égalité politique et civile des droits.

Il y a longtemps qu'on l'a dit « en bon français »,

Notre ennemi, c'est notre maître.

Avec le gouvernement républicain, Dieu merci ! point de maître ! Le souverain n'est pas l'origine du pouvoir. Devant, c'est uniquement à cette source qu'on l'allait puiser. C'est vers cette terre de promission que se hissaient de toutes parts les très-peu gigantesques Antées de l'ambition pour se disputer le précieux contact. Rayonnement du pouvoir central sous forme d'autorité de tout ordre, faveurs, influences, avantages, grâces, priviléges étaient pour ce pouvoir non pas seulement des moyens de vivre mais la condition même du gouvernement, j'allais dire : son principe. Puissance, autorité, faveurs descendaient par échelons du haut en bas, de proche en proche, s'absorbant de plus en plus à chaque assise et taries fort avant d'arriver au sol

populaire. Par contre, la servilité, cette sorte de servilité monarchique qui passe encore celle de la
domesticité pour les sentiments et l'allure, était la
loi. Elle faisait partie du programme des carrières et
des recommandations des familles. Si d'ailleurs on
ne professait pas que les gouvernés fussent faits
pour les gouvernants, l'indépendance de ceux-ci,
toujours ultra-couverte jusqu'au plus mince fonctionnaire, avait toute la valeur d'un équivalent pratique.
Partout, vis-à-vis de son administration, le peuple
en était réduit à la supplique. Il fallait s'incliner,
agréer, obtenir. Le droit pour avoir droit devait se
faire solliciteur.

Un autre gouvernement, le gouvernement républicain se fonde. Est-ce à dire que la faveur disparaît, que tous les abus s'évanouissent? Laissons
les rêves, de grâce, et qu'on ne nous prête pas de
ridicules billevesées ! Ce qu'il faut dire parce que
cela est vrai et que cela est capital, c'est qu'avec le
nouveau gouvernement le siége et la source du pouvoir se déplacent. Le siége, la source du pouvoir, c'est
désormais la nation elle-même, c'est nous tous et au
premier chef les petits, les humbles qui sont partout
le grand nombre. Tout citoyen jusqu'au dernier en
a sa part, son étincelle qu'il n'a besoin de solliciter
de personne, dont il n'est redevable à personne, qui

ne lui est ni prêtée, ni confiée, ni donnée par personne, mais qu'il possède de lui-même et apporte en naissant à la vie civile.

Ce qu'il faut dire parce que cela est vrai et capital, c'est que les courants habituels de la société se renversent. Avez-vous un droit à défendre ? Dans une République bien assise, point, comme on dit en Angleterre, point de droits sans garanties. Vos garanties, vos serviteurs sont l'ensemble même des pouvoirs publics, l'opinion, les mœurs. A défaut et si par impossible tout cela vous abandonnait, grâce à la liberté vous avez dans les mains le pouvoir de punir au décuple du mal qu'on vous aurait fait, ce qui est encore une suprême sauvegarde. Faibles, petits, gens sans valeur ni prétention ni surface, c'est vers vous à présent que se dirige universellement le flot murmurant des solliciteurs. Sénateurs, députés, souverains ambitieux de tous les étages prennent leur poste sur la voie. Beaucoup s'abaissent ; tous y viennent. On vous hait parfois mais on dissimule. On vous craint mais on vous honore. On vous trompe mais on vous courtise.

Est-ce vrai que pas un régime n'a fait un lot pareil à votre indépendance, à votre dignité personnelle, et ne semble-t-il pas que la République prenne à tâche de réparer sous ce rapport les dettes

du passé, en faisant aux déshérités une part exceptionnelle de l'héritage ?.

Si j'aime la République, si pour elle aussi je
reprends la parole, c'est encore parce qu'elle m'apparaît comme en parfait accord, en pleine commu-
nion avec la raison publique telle qu'elle est consti-
tuée de nos jours, c'est que loin de heurter fût-ce en
un point mon intelligence, elle la satisfait.

Il est en effet des superstitions politiques aussi
bien que de religieuses. Or, en matière d'idées et de
sentiments, la monarchie a besoin de ces superstitions. Elle en vit et elle les enfante. Droit divin,
dogme de l'hérédité du pouvoir qui demanderait au
besoin les titres de notre dépendance actuelle à
quelque Champ de mai de l'époque carlovingienne,
irresponsabilité du souverain qui ne peut mal faire,
ensemble puéril et caduc des « fictions constitution-
nelles », sentiments surannés, artificiels et lâches
qui s'appellent le loyalisme, l'amour exalté du prince,
sont pour elles autant de nécessités. Mais si les
superstitions abaissent l'esprit qui les partage, quand
on les a dépassées et qu'en les méprisant il les faut
subir par contrainte elles humilient et elles irritent;
malheur inconscient et mérité dans le premier cas,
dans le second elles deviennent une tyrannie et une
injure.

Cette contrainte, la monarchie l'impose ; la République m'en affranchit. Elle y substitue des idées droites, des sentiments honorables : choix libre des gérants de la société, responsabilité naturelle de cette gérance, reconnaissance pour les serviteurs illustres du pays, culte des grands morts, amour passionné de la patrie. La monarchie, en somme, est un acte de foi dans un temps qui ne comporte plus la foi, la République un acte de raison, un régime de libre examen à une époque où la raison est la seule autorité reconnue, où le libre examen est l'habitude de la pensée et la forme même des mœurs. Elle respecte l'esprit humain qui l'honore à son tour comme l'une de ses découvertes les plus précieuses. Hommage au droit, rectitude, sécurité, satisfaction de l'esprit, affranchissement sont des biens dont je lui tiens compte, avec tous les hommes de mon temps que touchent les droits de l'esprit. Avec eux, je l'en félicite et l'en remercie.

Si j'aime la République, c'est encore qu'elle n'est pas seulement en harmonie avec le vœu de la raison, mais, circonstance de première importance et jusqu'ici inaperçue, avec les faits eux-mêmes, quoi qu'on en dise, avec l'ordre visible de l'état social.

Oh ! assurément la monarchie a eu son heure. Alors l'hérédité formait le droit commun, la règle, l'opinion, l'éducation, l'habitude, le spectacle de tous les jours. Autorités seigneuriales, magistratures, priviléges, noblesse, exemptions d'impôts, grades de l'armée, charges et offices de toutes sortes, du haut en bas de la société, tout vivait sous sa loi. Il n'était pas jusqu'aux professions manuelles qui ne la connussent par les organisations d'ouvriers, le compagnonnage, les maîtrises. Dans cette situation, qu'était donc la monarchie? Une possession conforme à toutes les autres, qui dès lors paraissait aussi légi-time et aussi naturelle que toutes les autres, plus haute seulement que toutes les autres dont elle était comme l'expression souveraine, la garantie, la clé de voûte. Ainsi, en dehors même de l'habitude et de la foi, du haut en bas de la société, il n'y avait guère d'intérêts qui ne se défendissent en défendant son bien, son droit, son prestige.

Aujourd'hui, quelle métamorphose! Non seule-ment nous ne concevons plus l'hérédité en matière de pouvoir, mais dans notre société, à part celle du pouvoir souverain quand la monarchie existe, il n'y en a plus un exemple. L'hérédité était partout : de fait, elle n'est plus nulle part. Fonctions, autorité, industrie, commerce, travail, tout est volontaire, électif, mais légalement héréditaire? jamais. Pour nous désormais, les seuls droits, les seuls titres sont ceux précisément qu'admet seuls le régime républicain : le mérite personnel, les délégations d'autorité au nom et dans l'intérêt du peuple. Ainsi la monarchie n'est dans notre état social qu'une institution d'exception, qu'une disparate étrange. Elle est l'unique témoin d'un terrain que les siècles ont recouvert, un être demeuré seul d'une création disparue et que seul de tous ses congénères, on s'obstine à faire vivre après la disparition des conditions de leur vie. Ainsi, de nos jours, c'est la République qui répond, c'est la monarchie qui ne répond plus à cette loi trop peu remarquée, issue des lois mêmes, des lois logiques de l'esprit humain et qui veut que dans tous les temps la forme du gouvernement soit taillée sur le patron de l'atelier industriel. Ainsi enfin, malgré l'apparence, l'opinion, les reproches, c'est le gouvernement républicain qui s'appuie sur les faits pratiques ; c'est la monarchie qui est chimérique et en présence de ces réalités soufflant sur ces chimères, n'est-il pas vrai qu'il m'est bien permis de dire et de dire hautement et de grand cœur : bienvenu, bienvenu et affectionné soit le gouvernement qui a le mérite d'être viable et d'être de mon temps!

Si j'aime enfin la République, c'est qu'elle est le gouvernement de l'espérance. Dans sa forme arrêtée, autoritaire, la monarchie semble se proposer surtout pour but et pour fin de durer et de faire durer, de se maintenir et de maintenir. Elle est le gouvernement des heureux du monde. Est-ce donc assez? Oh! non! non pas plus pour le cœur que pour le droit, pas plus pour l'idéal d'un peuple que pour la grandeur effective de sa destinée.

Malheur, dit-on souvent, malheur à l'homme qui n'espère plus! Malheur, faut-il dire aussi, au peuple qui n'espère pas à un moment donné de son histoire! Au comble de la fortune, cesse-t-il un instant d'aspirer à une plus haute fortune? Qu'il jette les yeux devant lui : à vingt pas dans le vide, il pourra voir grandir l'ombre approchante de son déclin. Toute puissance qui ne rêve pas de puissance est perdue, et la génération qui ne sent pas se mouvoir dans son sein un avenir de justice, de prospérité, d'honneur, peut compter qu'elle va tomber en pourriture. Espérer, au contraire, c'est vivre, c'est tenir la vie. L'espérance est la force, l'âme, l'élan, la flamme, bien plus, ne serait-il pas vrai de dire que ce n'est pas aux réalités mais à l'espérance que tout se mesure et que pour une nation, attendre le mieux du sein du bien-être est moins sain, moins fort, moins grand, moins doux même que de hausser son cœur dans l'infortune, de faire effort et de se relever du fond de l'humiliation et de la détresse?

On n'a pas assez considéré parmi nos hommes d'Etat cette nécessité pour les peuples d'espérer, d'avoir quelque chose à attendre et à faire. On n'a pas assez fait sa part à cette force de l'espérance au point de vue politique. Combien de fois pourtant n'a-t-on pas vu la destinée d'un peuple se proportionner à l'idée qu'il en avait conçue ! Combien de fois n'a-t-elle pas été grande rien que parce qu'il la voyait et la voulait grande ! A ne prendre qu'un exemple et un exemple contemporain qui est sans nul doute l'un des plus soudains et des plus extraordinaires, croit-on que l'Italie aurait accompli ses miracles, dont le dernier qui persiste est de demeurer patiente, politique et sage, si elle n'avait eu à souhaiter coup sur coup les divers termes de sa carrière ; si la Providence n'avait en quelque sorte pris le soin d'échelonner sur sa route ces relais d'espérances définies aussi bien qu'ardentes et éclatantes qui se sont appelées pour elle : admission parmi les grandes puissances, affranchissement de la domination étrangère, réalisation de son unité, anéantissement du pouvoir temporel de la papauté, indépendance de la domination ecclésiastique, conquête de sa capitale? Puisse la France, grâce au même support, offrir un exemple égal ! Dès le lendemain de nos revers n'a-t-on pas dit que les Français croient à la France ? Epreuves, chute profonde, précipice à gravir, union à faire, en ce qui la concerne rien n'est moindre pour son relèvement, sa vitalité, sa grandeur, sa force. Puisse-t-elle à son tour savoir espérer et vouloir !

Or, le gouvernement républicain est manifestement propre à suggérer ce savoir, à donner cette force. Plus près et plus dépendant du pays, obligé de l'entretenir à tout moment de ses affaires, il lui inspire, avec la connaissance des difficultés et des devoirs présents, l'intuition et l'intérêt souvent passionnés des phases prochaines de son avenir. Plus élastique et plus mobile, plus accessible aux vœux de l'opinion, aux changements, aux réformes, présentant l'inappréciable mérite d'espacer à l'avance, sous les yeux des citoyens, des appels légaux mesurés sur le degré même d'impatience propre au caractère national, de manière à offrir toujours après une occasion perdue une occasion prochaine, il réussit par-dessus tous les autres à faire accepter un insuccès comme un retard, le retard comme un simple motif d'agir, désarmant les colères, soutenant les misérables, prévenant les dépits, faisant de tout une question de temps et, de l'attente mais de l'attente active, la vertu et le moteur social. De là, cet apaisement soudain quand on le proclame. De là et jamais que pour lui seul, ces trois mois de misère qu'on a vu mettre un jour à son service. N'est-il pas vrai que pour vivre l'homme a besoin de placer jour à jour dans le jour qui va suivre les biens qu'il n'a pas trouvés, la fin des maux qu'il a soufferts dans celui qui s'achève? A ce compte, la forme républicaine est véritablement la forme humaine par excellence.

Ai-je donc tort la voyant sous ces traits de m'y être attaché ? Si les institutions d'un pays lui forment, après ses caractères physiques, une seconde physionomie aussi accusée, plus saisissante même et plus intime, adressée qu'elle est à l'intelligence, ai-je donc tort de trouver cette image grande et digne en effet d'être affectionnée ? Quand ces institutions préférées on les a vues sombrer puis renaître, qu'on les retrouve vivantes et prospères après les avoir regardées comme anéanties sans recours, au moins pour le temps qu'on avait à passer en ce monde, ai-je tort de dire qu'elles provoquent une sympathie plus profonde, comme plus vive et plus exaltée est la tendresse maternelle pour le fils un moment considéré comme perdu et qu'on a racheté par miracle du tombeau? Ai-je donc tort enfin et encore une fois de dire que cet amour est un bon et précieux amour ; que la vie qui le possède ne peut être tenue pour dénuée et qu'autant qu'on peut parler de bonheur ici-bas, c'est un lot heureux que de pouvoir vivre, lutter, prêcher, se dévouer sous le gouvernement et pour le gouvernement qu'on aime ?

Dieu merci ! cette bonne affection n'est pas la seule. Au-dessous d'elle mais non loin d'elle, j'en aperçois aussitôt une autre, précieuse aussi et sur laquelle je n'ai qu'à étendre la main pour la saisir. Cette affection est celle que tous les hommes amoureux des idées, accoutumés à vivre au milieu d'elles, ressentent pour ces enchanteresses de leur esprit que Diderot appelait un jour d'un mot plus vif que celui de maîtresses, que d'autres peuvent bien saluer avec respect du nom d'amies dévouées et de sérieuses compagnes.

Nombreux et grands en effet sont les dons qu'elles réservent à leurs fidèles. Nombreux ! je ne les prise pas tous et je n'ai pas non plus tous à les dire. Aux oisifs, aux gens du monde, aux ambitieux, aux poursuivants de la fortune, de rendre hommage à ceux qu'ils en attendent. Je ne parle que pour les philosophes, les moralistes, les solitaires. Mais à ceux-ci elles apportent à pleines mains deux grandes choses douces au cœur de tous les hommes, chères particulièrement à ceux-ci parce qu'elles les arment pour leur œuvre de progrès, de pitié, de justice : je veux dire la réalité de la puissance et le sentiment de la puissance.

Cette puissance mystérieuse qu'elles donnent, immense bien qu'encore mal aperçue, elle s'exerce dans le monde sous deux formes : la diffusion d'idées déjà connues, l'enfantement d'idées nouvelles ; toutes deux nécessaires, sorte de division du travail dans un même travail, phases successives d'un même phénomène, âges différents d'une même éclosion et pour ainsi dire d'une même créature, où la valeur et l'étendue des résultats ne sont pas toujours au plus haut degré du côté de l'éclat et de l'apparence, mais où l'influence extérieure, l'action sur le monde revêtent toujours un caractère saisissant.

Un jour, sur le sentier d'une vie ou remuante ou rêveuse, un homme rencontre quelque idée de valeur pour son temps. Il ne l'a pas découverte : on la lui suggère. Elle n'est pas de lui, mais au détour d'un chemin elle le saisit, le séduit ; il l'adopte, il l'embrasse. A peine née, faible, inconnue, petite, sans pouvoir, sans adeptes, sans racines dans les faits, il jure de la faire grande, agissante, reconnue, obéie. Quel pouvoir déjà pour cet homme !

Point de société qui ne fourmille d'abus de tous les rangs. Sur tous il a barre. Entre tous il en choisit librement deux, plusieurs, à son gré, à sa guise, un seul s'il le veut, c'est son droit. Il le poursuit, l'attaque, le détruit, le déshonore. Des centaines d'hommes en vivent ? Le droit à la main il les ruine.

Des milliers d'hommes en souffrent, le droit à la main il les affranchit, les secourt, les relève.

Point de société qui, par amour de son repos, ne proclame, à l'exemple de ses salons, que toute vérité n'est pas bonne à dire. Pour lui, pour cet homme pas de vérité qui ne soit bonne à dire. Il en est de faciles, d'inoffensives, de mûres, de bienvenues. Il les dit. Il en est de hâtives, d'importunes, d'agressives, d'entraînantes, de terribles. Il peut, il doit les dire. Celles-ci viennent la robe pleine d'épis, d'autres l'épée au poing. Il prêche à ceux-ci la tolérance religieuse, comme à l'esclave frémissant sous sa chaîne il explique, à tous risques, que son asservissement est un crime, son possesseur un monstre, sa révolte sanglante un acte légitime. Sans autre loi que la justice et la vérité, élevé de par elles au-dessus des considérations de temps, de délais, de précautions, en tient-il compte ? Il a été clément : on lui pardonne. Les foule-t-il aux pieds ? Il a fait plus strictement son devoir : il est maître. N'est-ce pas là, en effet, une série de pouvoirs des plus extraordinaires ?

Et ces pouvoirs, comment les exerce-t-il ? D'une façon simple et pourtant surprenante. Par les actes, l'écrit, la parole, par tous les modes de transmission et de propagation des idées. Et comment, suivant quelle loi se propagent les idées ? En raison directe de leur intensité et du nombre des intelligences en contact.

Or, laissons ces vulgarisateurs exceptionnels qui se sont appelés, au cours des âges, saint Paul, saint Bernard, Luther, Rousseau, Voltaire et tant d'autres, esprits puissants dont les idées se semaient au loin à la volée sur un océan de têtes humaines, dont la voix répercutée portait d'un bord des continents à l'autre. L'homme dont nous parlons, plaçons-le dans des conditions tout ordinaires. Est-ce trop que d'étendre son action sur quarante seulement de ses semblables? Est-il un esprit quelque peu doué qui renonçant à épuiser sa vie aux communes visées des hommes pour se consacrer uniquement à cette autre tâche, ne puisse promettre à ses efforts cet humble chiffre d'influence?

Non? Alors qu'arrive-t-il? Une série de phénomènes de nature à frapper vivement l'imagination qui les contemple. Ses idées sortent de lui, tracent autour de lui; elles envahissent cette masse intelligente qui lui est soumise; elles la couvrent, la pénètrent, l'agitent, la soulèvent. C'est dans le monde intellectuel une sorte de reproduction des phénomènes merveilleux des ferments, plus merveilleux encore ici parce qu'ils sont d'une part invisibles, d'autre part conscients et volontaires. Il n'avait

qu'une âme entourée d'âmes dissemblables, indiffé-
rentes, réfractaires même peut-être. Son âme s'est-
elle donc dédoublée, divisée, multipliée par une sorte
de segmentation spirituelle? Voilà qu'à côté de lui, il
a créé des âmes à son image, vivant par lui, respirant,
pensant, voulant en lui. Étrange multiplication qui
laisse bien loin derrière elle la paternité charnelle!

Et, dans ces âmes enfin, a-t-il su faire passer toute
son âme? A-t-il été fort, éloquent, sincère? A-t-il
jeté sa foi dans leur sein? Voilà qu'à leur tour elles
se mettent en marche, embrassent l'espace, cherchent
leur action, leurs contacts, leurs proies pourrait-on
dire, agrandissant d'une façon indéfinie sa paternité
intellectuelle, son influence, sa vie, son être. Ne
sont-ce pas là encore d'étranges et grands pouvoirs?

Au lieu du vulgarisateur d'idées, prenons-nous
celui qui les découvre? Oh! alors, quoique tout s'accomplisse dans l'ombre et le silence, c'est bien autre
chose encore.

Tout s'accomplit dans l'ombre et le silence, et en
effet, entre toutes nos idées modernes prenez les
plus grandes et les plus entourées d'éclat aujour-
d'hui, en est-il une dont vous puissiez nommer l'auteur et fêter la date de naissance? Qui donc, le
premier dans le monde, a dit qu'il ne fallait pas faire
à un autre ce qu'on ne voudrait pas qu'il vous fît?

Qui, le premier dans le monde, a conçu cette pensée que tous les hommes étaient égaux ; qu'aucun ne pouvait être contraint de plier sous un maître ? Est-ce quelque berger songeur, quelque esclave enchaîné à tourner la meule, quelque femme tendre et dévouée ? On ne sait ; on ne le saura jamais, pas plus qu'on ne sait de quelle plante sauvage est issu le blé, le grand nourrisseur des hommes.

C'est que, partout, le commencement des choses nous fuit ; c'est que partout le monde des infiniment petits nous échappe. Nous ne voyons le feu que quand il fait flamme, mais avant de luire combien de temps n'a-t-il pas couvé ! Ne dit-on pas, jusque dans le monde des affaires, si différent pourtant de celui où nous sommes, que le premier billet de mille francs est plus difficile à gagner que le second million qui marque l'avénement aux premiers rangs de la fortune ? Il en est ainsi partout des temps d'efforts que la nuit de l'oubli dévore. Nous ne voyons les idées qu'au jour où de grands esprits en font des météores. Partout, les âges préhistoriques décuplent et centuplent peut-être ceux de l'histoire. Mais quel partage que celui de ce premier homme, point de départ de qui tout sort, sans lequel rien ne se fait, véritable dieu père, créateur et moteur !

Et qu'on n'aille pas dire, remarquons-le bien,

qu'à défaut de celui-là un autre eût trouvé. Non !
rien n'est moins sûr, témoin l'histoire. Car voyez :
l'Europe a franchi depuis des siècles son moyen âge.
En regard, voici le Japon attardé encore à son époque
de féodalité carlovingienne. Est-ce à dire que la race
humaine y soit plus jeune ? Non. Cherchez, pesez,
conjecturez. Il n'est qu'une raison possible : c'est
que l'homme qui devait être le premier ancêtre des
temps nouveaux, simplement en dirigeant la civilisation sous un autre angle fût-ce un jour, une heure,
mais pour toujours, là est né, ici n'a point paru, ou
que peut-être, témoignage plus éloquent de sa puissance, ici il n'a pas voulu parler, tandis que là il
n'a pas consenti à se taire, refusant ou apportant à
son gré à des centaines d'années et à des millions
d'hommes la semence des réformes qui constituent
le bien-être et l'honneur des civilisations occiden-
tales. Que penser encore une fois d'un pareil pouvoir, et est-il beaucoup de droits d'autocrates qui lui
atteignent à la cheville ? Et après cela, partagez-le
s'il vous plaît entre plusieurs ; émiettez-le, s'il vous
convient, sur un grand nombre de têtes, pour compter des centaines d'éléments, dites, cette pile intellectuelle en sera-t-elle moins incomparable ?

Or, ce pouvoir, chose étrange, loin d'être estimé
à sa mesure, il faut reconnaître que jusqu'ici il n'est

qu'insuffisamment aperçu et de ceux qu'il frappe ou secourt et de ceux mêmes qui l'exercent.

De ceux qu'il secourt ou qu'il frappe ! Le monde en effet est matérialiste. Il n'est réellement impressionné que de ce qui est visible et tangible. Il aperçoit à merveille cent mille francs, un million qu'on lui donne, qui commandent ou tarissent le travail. Il les exalte, les respecte, les salue, les ménage. Mais il ne sait pas voir encore, à côté, dix feuilles de papier griffonnées par un inconnu et qui vont changer dans le monde entier les conditions des profits et du travail. Il tient pour les puissances du jour un grand seigneur qui prend le pas, un intendant qui réglemente, un ministre qui place mais dont on cherche vainement le nom quand une mince couche de dix ans a passé sur sa mémoire, alors que les vraies puissances c'est l'*Esprit des Lois,* le *Vicaire savoyard,* les *Provinciales.* Il suit nettement de l'œil les coups de bâton d'un Rohan à Voltaire, et ils lui imposent, mais il n'y rattache que bien après et à grand'peine les plumes fragiles qui, à soixante ans de là, ont mené à la place de la Révolution les descendants des Rohan, des Sully et leurs pareils.

Que d'erreurs, d'étourderies, d'aveuglements, d'imprudences ! Les Grecs ne représentaient-ils pas leur Jupiter tenant à ses pieds les tonneaux du bien et du mal et les renversant du pied tour à tour sur les pauvres mortels? Eh! bien, songez-y, il n'y a pas un écrivain de quelque valeur qui n'ait un lot égal de pouvoir en partage. Ce qu'il verse sur le monde, c'est à son choix une vérité, un blâme, un sentiment moral, une parole de liberté, un vœu de justice, châtiment d'oppresseurs, assistance aux sa- crifiés et aux misérables. Que le monde apprenne cela! il lui importe. Sachons-le bien, l'un des plus profitables progrès du siècle aura été réalisé le jour où il aura fait à ces hommes leur place, et tenir leur pouvoir en suffisante révérence sera pour lui une bonne affaire.

Quant aux moralistes, aux publicistes, aux réfor- mateurs, à tous les familiers du monde des idées, il est très-vrai en effet, chose plus étrange encore, que rien n'est ordinaire comme de les voir manquer d'une juste appréciation de leur influence. Ils ont la vanité. Ils n'ont pas la foi, qui n'est pas la même chose. Or, qu'ils se disent bien que pour eux c'est la foi qui est la vérité, le relief, la force; que l'idée est tout, l'homme rien. L'homme est inaperçu, dédai- gné, conspué? il va mourir, il meurt, il est mort? Eh! qu'importe! Elle marche, elle survit, grandit, voyage. Dans le monde des idées pas plus que dans le monde physique, rien ne se perd : le temps est à elle. Cultivateurs, chefs d'armées, ne sentent-ils pas le cœur leur battre en passant en revue leurs divisions rangées, leurs granges pleines? Michelet nous montre quelque part le paysan allant voir sa terre et tout ému devant elle, la couvrant d'un regard profond. Eux aussi, qu'ils comprennent bien leur rôle ! Dans leur retraite solitaire, infusoire ou géant, arme ou semence, au repos ou active, guerroyante ou endormie, leur idée leur vaut, s'ils le veulent, même fête, mêmes consolations, même amour.

Après cela, le commerce constant des idées apporte d'autres contentements plus sûrs encore et plus pénétrants, empreints de moins de passion mais de plus de douceur. N'est-ce rien que de sentir qu'on appartient à l'élite de son temps, élite dans tous les temps si rare ; que quel que soit le chimérique effacement de la situation sociale, la place qu'on occupe par l'intelligence est en avant du pays qu'on habite? N'est-ce rien que de pouvoir se dire que grâce à un sort heureux, grâce aussi à un libre choix, on compte dans un ordre d'êtres supérieurs où les facultés sont multiples, exercées, étendues, où les préoccupations élèvent et honorent, au lieu de végéter parmi les classes déshéritées qui réduites en quelque sorte à un sens et à une fonction physiologique, ne connaissent que le flair du gain et l'assimilation de la fortune?

Oh ! sans doute cette situation coûte. Il y faut à tout moment rouler son rocher de Sisyphe. Il faut se résoudre tous les matins à avoir tort devant son pays ; impatiences, indignations, dégoûts, défaillances, désespoirs, tout dévorer ; donner ses jours en proie ; accepter le chagrin de voir les événements prendre constamment le contrepied de ce qu'on souhaite, les populations dédaigner leur bien qu'on leur offre, établir ce qu'on réprouve, tandis que d'autres goûtent, sous vos yeux, le bonheur de voir tout succéder au gré de leur opinion tout simplement parce que leur opinion est l'opinion commune. Et cependant, qui voudrait changer ? Qui ne sent que se réfugier dans ce bonheur tranquille ce serait déchoir, et n'est-il pas vrai qu'on aime mieux souffrir et ne pas déchoir ?

Puis, lorsqu'au lieu de mentir à sa destinée en se mêlant au monde, on y est resté fidèle, quel bien malgré tout que la paix dans la solitude ! A Dieu ne plaise qu'on doive ambitionner la ressource d'un grand esprit qu'une heure de méditation ou de lecture arrachait, disait-il, au plus vif chagrin. Il importe de savoir souffrir, et c'était là pour le respect de soi avoir l'oubli trop prompt et la consolation trop facile. Mais la vie pourtant doit vivre ; mais la conscience humaine a le droit d'accepter les appuis dignes et légitimes. Or, le commerce des idées, le travail pour lui laisser l'honneur de son nom pratique, le travail de l'esprit a ce privilége assez semblable pour l'impression qu'il jette au fond de l'âme au spectacle calmant d'une belle nuit étoilée : il apporte la rêverie sans sommeil et sans faiblesse, la distraction sans remords, la sérénité sans reproche. Pour mieux dire encore, avec lui, on se console dans le sentiment de l'action sans quitter l'atmosphère de ses souvenirs et tout en habitant sa peine. C'est à ce titre aussi, à ce titre surtout que je le prise, que je reprends la parole pour son service ; que je l'aime ; que je le compte parmi les meilleures fortunes de ma vie.

Enfin, il est une autre affection plus rapprochée des attachements ordinaires des hommes à laquelle, à son tour, je fais volontiers une place à côté de moi.

Quelles sont en effet les générations qui m'ont autrefois détaché de mon pays ? Lesquelles ? Je l'ai dit : les générations des plébiscites, du coup d'État et de la fondation de l'Empire, générations lâches, sans conscience, sans cœur, sans pudeur, sans excuse et que le droit qu'elles ont violé enchaînera le front levé sur l'un des piloris de l'histoire. Mais quoi ! Ces générations aujourd'hui où sont-elles ? Après bientôt trente ans, avec le chiffre de notre vie moyenne et le sens des votes suivant les âges, pour les trois quarts, on peut l'affirmer, elles sont descendues dans la tombe. A leur place nette de leur présence et de leurs responsabilités sinon de leur souvenir, se sont élevées des générations nouvelles couvrant au loin les vides avec les hontes, effaçant ce qui reste des têtes coupables sous leurs couches profondes. Pour qui jette les yeux sur le pays, aujourd'hui voilà le pays.

Est-ce à dire que ces générations aient apporté avec leur jeunesse une jeunesse de plus grand prix : celle d'un ensemble de qualités morales qui touche et attire ? Non ! Ce qu'il m'appartient de déclarer pourtant, c'est que pour le peu que je me suis mêlé à elles, j'ai trouvé dans leurs rangs pour des œuvres d'intérêt public plus, bien plus de dévouement, de bon vouloir, d'élan, de souffle patriotique que je n'en eusse pu attendre de leurs devancières. Ce que je puis ajouter encore c'est que je ne leur dois ni blessure ni trahison.

Est-ce à dire que placées dans les mêmes circonstances que leurs aînées, elles se seraient gardées des mêmes faiblesses ? Non encore. Je ne leur fais pas tant d'honneur. Mais enfin, qu'elles aient été ou non protégées par la fortune, toujours est-il qu'elles n'ont pas failli, qu'elles n'ont pas de stigmate au front, pas de sang sur les mains. Quand il s'agit d'avoir les gens en face et de leur toucher parfois la main à son tour, c'est bien quelque chose. Cette femme, dites-vous, n'a pas grand mérite : elle n'a pas été tentée. Soit ! après tout, elle est restée pure. Est-ce que c'est là une circonstance indifférente et n'est-ce rien que de se dire qu'en toute dignité on peut l'aimer ? Eh ! bien, c'est ainsi que j'entends m'attacher aux générations nouvelles. Sans force mais sans passé de chutes, peccables mais innocentes, sans vertu et sans péché, je ne leur demande que de ne pas offenser mon âme et mes regards. Je ferai le reste et, à la distance où elles sont de moi, je me charge de les aimer pourvu qu'à leur distance elles ne se fassent pas mépriser et haïr.

Consolations vaines, espérances et bonheurs bien vides, va-t-on dire peut-être ! Fragiles appuis que ceux-là ! Affections creuses et qui font sourire ! Est-ce donc là de quoi remplir, de quoi faire supporter la vie ? — C'est parler, sans se souvenir, sans savoir, comme parlent les heureux du monde.

Eh ! vraiment, pourrait-on se borner à répondre : heureux en effet ceux qui en fait d'affections ont le loisir d'exiger, de dédaigner, de choisir, de se plaindre ! Au désert, un peu d'eau couvrant le creux de la main de l'ange était sans prix pour Ismaël et sa mère, et l'unique brebis du pauvre lui est plus chère que ne l'est au riche son nombreux troupeau qu'il ne compte même plus. Mais non ! Il y a mieux à faire et je veux, je dois venger ce qui me console. Non, non ! dirai-je, ce sont vos richesses apparentes qui sont des mécomptes, vos abondances qui sont la détresse ; c'est votre pitié que rien ne justifie, ce sont vos dédains qui font sourire.

Bénis, bénis soyez-vous, attachements abstraits, cultes immatériels sans corps et sans images et qui ne vous prenez à rien de périssable ! Affections idéales, soyez bénies ! De toutes les autres affections terrestres, à part celle dont rien n'approche et que rien n'efface mais qui remonte de bonne heure au ciel, il n'en est pas une qui donne ce qu'elle a promis ; pas une qui ne retire vite ce qu'elle a donné quand elle le donne ; pas une qui ne blesse, ne mente, ne se brise, ne trahisse. Vous seules vous ne mentez point. Seules étrangères aux changements, aux corruptions, aux fragilités d'un monde dont vous n'êtes qu'à peine, vous savez garder votre foi et nous restez sûres, fidèles, la main dans la main, l'anneau sur l'anneau jusqu'à la fin de la vie.

Patriotisme pur, noble passion qui plonges au plus profond de l'âme des hommes et viens fleurir sur ses sommets, tu dois vivre, toi, et tu ne saurais périr ! Aujourd'hui, tu ne connais plus rien du transport sauvage qui fut autrefois ton ancêtre, et ton ancêtre ne te reconnaîtrait plus. Suivant la loi éclatante qui va greffant sans cesse, dans la personne humaine, au-dessus des facultés des premiers âges, des facultés toujours plus hautes, sur tes instincts passés a germé, en toi, par toi, l'une des généreuses passions de l'intelligence, une force véritablement nouvelle. Besoin légitime des peuples, la raison t'avoue, l'expérience t'éclaire, l'esprit de justice te guide et t'honore, l'intérêt social te réclame, le salut public t'impose. Ennemi des violences, dédaigneux des exaltations grossières de la poudre et de l'ivresse, des cantates, des harangues, des glorioles guerrières comme des chimériques sentimentalités des rêveurs, désormais tu tends une main fraternelle à l'habitant « de l'autre côté de l'eau », mais en même temps tu plantes ton bouclier sur la rive au-devant du toit national. Toujours dévoué, prêt à courir, tu repousses la balle étrangère et venges l'injure ennemie. Gardien de la terre natale contre la promiscuité fausse des tendresses humanitaires, fidèle au bon sens comme au devoir, tu consacres des liens plus étroits aux objets les plus près du cœur.

Emporté d'un coup de ton aile à cent pieds au-dessus des fanges de la plaine et de la boue luisante des villes, qui donc à ceux qui t'écoutent représente la Patrie sous les traits d'une femme, fille, mère, épouse, amante, la main tendue au-dessus de l'horizon de ses montagnes, moitié protectrice moitié bénissante ? C'est toi et, par toi, ils l'en aiment davantage. Qui donc apprend à juger ton peuple non sur la faiblesse d'un jour, mais sur l'ensemble de son histoire et sur l'auréole de dix siècles de générosité, d'énergie et de gloire ? C'est toi encore. Et c'est ainsi que tu ne connais pas, que tu peux ne pas connaître les découragements ; ainsi que tu peux être éternel.

Amour de la liberté, est-ce que tu déçois tes serviteurs ? Institutions libres, est-ce que vous apportez des repentirs à vos adeptes ? Jamais ! Les peuples parfois vous abandonnent. Ce sont eux qui vous trahissent, mais vous ne les trahissez pas. Un gouvernement vous confisque, vous viole : il succombe à la peine. Une génération vous renie ! Le sort la punit, vous venge. Oubliées, délaissées, impunément renversées, toujours belles, franches, sincères, dignes de la confiance et du respect des hommes, vous restez ce que vous avez dit. Qu'on vous accueille ou qu'on vous repousse, vous n'en contenez pas moins toujours pour les peuples la sécurité, la prospérité, la vie, l'honneur. On souffre de vos défaites? Et depuis quand la cause serait-elle moins sacrée

parce qu'elle subirait plus d'épreuves ? Depuis quand
les malheurs du drapeau amoindriraient-ils l'attachement au drapeau ? Oh ! non ! ce qui frappe d'une
peine cruelle, ce n'est pas d'être éprouvé pour sa
foi, mais de ne plus pouvoir honorer sa foi, et ce qui
importe n'est pas de ne pas souffrir pour ce qu'on
aime, mais de pouvoir aimer toujours. Avec vous,
on peut aimer toujours.

Et toi, bon et secourable travail, réparateur comme
un sommeil, fortifiant comme toute vie active, doux
comme tout devoir, paisible et fort comme l'oubli
sans reproche, quand on t'a cherché d'un cœur désintéressé, à qui n'as-tu pas fait l'aumône de tes biens ?
Je t'ai demandé sans calcul : tu ne m'as jamais fait
défaut. As-tu jamais fait défaut à personne ? Heureux
qui a su te dire comme l'ascète de l'*Imitation* à son
Christ : « Ce que je veux de toi, c'est toi ! » Celui-là
peut se reposer en paix et compter sur ta main loyale.

Idées personnelles, objet et souci du travail, per-
cées rapides ou patientes sur l'avenir, inspirations
imprévues, chers enfants de nos veilles, comme la
créature en son Dieu c'est en nous que vous naissez,
que vous vivez, que vous êtes. De votre part, comment un abandon serait-il possible ? N'êtes-vous pas
la substance de notre esprit, les formes mêmes de
notre pensée ? Votre amour est notre amour pour

vous, votre constance la foi même que nous vous gardons et vous êtes tout à la fois, dans notre âme, l'idole, l'encens et le fidèle. A qui le monde a-t-il donné des appuis pareils ? Repoussées ou heureuses, délaissées ou triomphantes, votre bras qui ne faiblit pas sous le nôtre nous soutient jusqu'au dernier jour. Méconnues, vaincues, désespérées, perdues, au dernier jour devant le dernier soupir et le dernier sourire, vous êtes encore l'étoile du matin, l'aurore qui va rougir ; quoi encore ? un précurseur dont le pas approche, un apôtre qu'on va enfin entendre, un legs fait au monde. Vous êtes ce dernier murmure, un moment suspendu sur des lèvres que le froid raidit déjà et qui ressemble aux noms de Leuctres et de Mantinée.

Attachements abstraits, affections idéales, insensés ceux qui placent les vrais biens, les tendresses enviables sur l'autre bord de là vie ! De toutes les affections terrestres, il n'en est pas une qui ne trompe, ne blesse, n'abandonne, ne trahisse. Vous seules méritez qu'on vous consacre sa parole et sa vie ! Vous seules ne trahissez et ne trompez jamais !

III

L'Invasion. — Ses Leçons

Les Peuples qui s'abandonnent. — L'Armée ;
Les Lois de la guerre.
Les Populations civiles. — Le Parti ultramontain.

Laissez venir les souvenirs des jours funèbres !
Voilà bien des heures qu'ils passent devant nous à
demi-cachés, bien des heures que nous sentons ici
leur présence, presque leur souffle à travers ces pages
sourdement agitées. Qu'ils éclatent maintenant en
liberté du fond des âmes ! Le dernier mot, hélas ! est
partout leur droit : ils le réclament, l'imposent. Ici-
bas, qu'est-ce qui ne finit pas par un des leurs ?
Qu'ils retombent donc comme le voile noir sur la fin
de ce livre qu'ils ont dicté !

Laissez venir à nous les souvenirs des jours funèbres ! Le royaume de cette vie est à eux. Point d'homme qui n'ait vu de près leur visage, dont ils ne connaissent la maison ; point d'homme qui s'asseyant fût-ce pour un quart d'heure au bord de son chemin, n'ait à leur garder une place à sa droite. Faites place aux maîtres du trouble et de l'angoisse, froids fantômes, passants invisibles, voyageurs impatients qui marquent capricieusement sur les murs leur gîte pour l'heure prochaine, hôtes impérieux toujours prêts à lever à l'improviste, sur la porte endormie, le marteau qui retentit jusqu'au fond du cœur.

Laissez venir les souvenirs des jours funèbres ! Leur ombre pèse sur l'esprit comme une nuée ; mais les nuées s'illuminent. Qui ne s'est trouvé parfois la nuit dans la campagne par un temps d'orage ? En haut, le ciel est fermé. Autour de vous, c'est l'ombre noire. Soudain, la foudre jaillit : bois, plaine immense, habitations, il semble que tout s'élance violemment du fond du sol, inondé, pénétré de lumière. Ruisselante d'eau, la route blanche se déroule vivement comme un ruban rapide jusqu'au bout de l'horizon. Oh ! ce n'est qu'une lueur et les ténèbres retombent épaissies, redoublées. Qu'importe ! les yeux, l'esprit ont gardé l'image éblouissante. La route est reconnue dans ses derniers replis. La marche reprend lente mais certaine, pénible mais résolue. Ainsi des souvenirs d'épreuves : ombres mêlées d'éclairs, ils sont le bon conseil, l'obsession salutaire, la lumière intérieure, l'expérience éloquente portant tout avec soi ; guetteurs infatigables toujours criant sous leurs blessures, étrangers au sommeil, ennemis du sommeil ; Mentors habiles qui savent donner au danger prochain le nom de la chute encore douloureuse ; guides touchants qui prennent le soin de border le précipice avec les pierres de la ruine récente et encore pleurée.

Il est des âmes molles, pusillanimes qui ont peur de ces souvenirs, s'y dérobent, les fuient, les repoussent, qui cherchent par dessus tout le repos dans l'oubli, oublieuses en même temps et sans honte, de la sécurité, du devoir, de l'honneur. La France aujourd'hui a besoin d'une autre sorte d'âmes. Pour celles-là, pour toutes, ah ! laissez venir les souvenirs des jours funèbres ! Ils humilient : c'est au sein de ces humiliations que se retrempe l'énergie du sentiment national. Ils déchirent le cœur : c'est dans ces sillons entr'ouverts que se sème et que peut renaître une moisson qui veut parfois être sanglante : le désintéressement, l'esprit de sacrifice, le patriotisme, le mépris de la mort. Ils importunent, dit-on, ils troublent, ils épouvantent : mais projetant sans pi-

tié d'arrière en avant tous les jours durement écoulés qui se sont appelés « l'année terrible », ils
forment du passé le fantôme menaçant de l'avenir
debout à deux pas sur la route, la robe pleine de calamités semblables. Eh ! quoi ! ne faut-il donc pas
parler ? Ne faut-il donc pas prévoir ? Est-ce donc
un rêve ? Avez-vous senti l'épée ? Ne voyez-vous pas
l'épée ? Où donc sinon dans cette vue nécessaire des
choses, où donc sinon dans cette certitude, et elle
seule, la France puisera-t-elle l'effort suprême qui
devra sauver cette fois non plus seulement son honneur et sa fortune, non plus même l'intégrité du territoire, mais jusqu'à l'existence nationale ?

Invasion ! invasion ! ne cache pas le fantôme !
Élève-le bien en vue, bien en face ! Entre lui et nous,
abats les bois, les collines, abats les peurs, les illusions, les espoirs décevants, les vains désirs. Il importe qu'on l'aperçoive, que son pas s'entende, son
pas qui ressemble à celui d'une sentinelle marchant
en travers du chemin. Tout en grondant tout bas, il
faut que sa voix porte. Il faut que la France entière
l'envisage. Montre-le en pleine lumière, à trois pas
d'armée, près du poteau de la frontière ouverte !

Invasion ! tombeau mérité de l'Empire, abîme de
sa dynastie, libératrice sanglante de l'opinion libérale, châtiment légitime des imprudences et des lâ-

chetés de la France, toi qui peux être aussi la porte
d'une ère nouvelle si la France est forte, brave et
sage, effet immense de causes lontaines et profondes,
dis, raconte, accuse, dévoile, avertis ! Parle, prêche
par tes récits, tes exemples, par tes origines, par tes
avanies, tes défaites, par le sang versé, par le démembrement subi ! Institutrice cruelle, enseigne du
moins, éclaire la France entraînée à ton école ! Pauvre
France assez riche autrefois, disait-elle, pour payer
sa gloire, elle s'est appauvrie à payer tes leçons :
elle n'a que trop de droits à les entendre.

Or, ces leçons que je veux dire, pour lesquelles
aussi je reprends la parole, tes leçons quelles sont-
elles ?

Nombreuses, diverses, importantes, sévères, elles
se pressent sur les lèvres ou sous la plume. La France
est tombée ? Sous quel poids de fautes, sous quel
nombre de coups répétés ? Quand le chêne s'abat au
milieu de la forêt, combien de ses rameaux étaient
atteints ? Combien de ses racines étaient taries avant
le jour où il cède sous l'effort de l'orage ?

Entre ces leçons, la première, celle du moins qui
jaillit tout d'abord avec force du sein des choses,
c'est que jamais, au grand jamais, une nation ne doit
quitter, fût-ce un jour, au profit d'une classe ou d'un
homme, le gouvernement de soi-même ; c'est que ja-

mais, au grand jamais, sans encourir le risque de souffrir, de chanceler, de périr même, un peuple ne doit donner de blanc-seing à personne.

Ouvrez le registre de l'histoire : du premier feuillet que la nuit des temps laisse lire encore jusqu'au dernier que son doigt tourne à peine, partout, toujours, à toutes les pages, vous retrouverez éclatante cette vérité d'expérience que toute classe, toute famille qui a détenu le pouvoir en a usé pour soi, pour soi, disons-le bien, même dans les circonstances de hasard où son intérêt se rencontrait par bonheur pour son peuple avec ceux de son peuple. Et, au surplus, n'est-ce donc pas se ranger délibérément dans la ridicule lignée des rêveurs que d'attendre ici, à ces hauteurs, autre chose de la nature humaine ?

Pour demeurer exclusivement sur notre sol, évoquez un moment le souvenir de l'ancienne monarchie française. Oh ! là, pensons-nous, pas une voix qui contredise. La royauté est un pouvoir absolu qui s'appuie sur deux grands corps : la noblesse et le clergé. Quel sort que celui du peuple pressuré, dépouillé, accablé, violenté sans trève ni relâche, outragé de cent façons de trois côtés à la fois ! On gorge les grands, les traitants, les favoris, les favorites : il paie par millions qui seraient aujourd'hui des milliards. On fait la guerre de sept ans, de douze ans,

de trente ans : il paie par centaines de mille hommes.
On bâtit Versailles : il paie par millions encore et par
la famine. On révoque l'Édit de Nantes : il paie par
la dépopulation et la ruine. « Delirant reges, plec-
tuntur Achivi. » Aux mains du roi, du clergé, du seigneur, qu'est-ce que le royaume? Une ferme. Et les
hommes? Le bétail qui est dessus ; le bétail, comme
dit le droit, qui garnit la ferme. Et en effet, on exploite à outrance, dans tous les termes du droit, la
ferme et le bétail.

Descendez-vous vers le premier Empire? Qu'est-ce
que le premier Empire? Un homme, seul, omnipo-
tent, couvrant tout. A côté, rien, rien ! Et cet homme,
quelle personnalité dévorante, avide de pouvoir,
sans contrepoids, sans règle, impatiente de la liberté
d'autrui, du droit d'autrui, de l'indépendance d'autrui, sans souci de la vie d'autrui ! N'a-t-on pas dit
de la Russie et du tsar : une tour au milieu des
steppes? Ici, l'image est aussi dédaigneuse et plus
repoussante. Ici, c'est une meule en flammes sur un
champ couvert à perte de vue, comme Eylau, de
grandes rangées d'hommes fauchées au loin par le
canon comme des gerbes. Quel fléau que cet homme !
Quelle catastrophe que la venue de cet homme qui,
pour la première fois, appelle le pied de l'invasion
sur le pavé de la capitale, et pour la première fois

laisse la France moderne vaincue, lasse, exsangue, épuisée, démembrée ! Quel char de Jaggernaut promené de par l'Europe, en quête des fumées personnelles d'une prétendue gloire et, pour le dilettantisme de sa gloire, écrasant sous ses roues dix-sept cent mille hommes ! (1).

Nous voici à la Restauration, puis à la royauté de Juillet ; la première avec ses laborieux semblants d'aristocraties artificielles, ses Bourbons infatués auxquels, pour être aussi odieux que Louis XIV ou Louis XV, il ne manque que la foi des masses ou la force ; la seconde comptant pour sa marche sur son roi-citoyen, bourgeois voulait-on dire, et sur sa bourgeoisie censitaire, c'est-à-dire fondant le droit sur les écus. Aux deux époques, quels abus ! Comme, sous les deux gouvernements, la ruse honteuse s'est substituée profitablement à la force ! Comme, avec son aide, le pouvoir est tour à tour, aux mains qui le détiennent, une arme, un fouet, un capital, un moyen d'oppression, de lucre et de rapine ! N'est-ce pas le temps de la loi du sacrilége, de l'expédition d'Espagne, puis des mariages espagnols indisposant l'An-

____

(1) Ce chiffre n'est pas une conjecture ni un à peu près, mais un chiffre officiel. Il résulte en effet de relevés faits, en 1831, au ministère de la guerre et communiqués alors à une commission parlementaire, que les guerres du premier Empire ont coûté à la France 1,760,000 hommes.

gleterre pour un pur intérêt dynastique, de la corruption électorale et de la curée des fonctions publiques ?

Alors, de par la loi, rappelons-le encore et toujours, il y a un pays légal et un pays qui apparemment n'a sur son sol qu'une existence illégale : deux cent cinquante mille privilégiés mettent hors la loi neuf millions d'hommes. Au milieu de tout cela, deux grands traits dominent comme deux météores de malheur : d'une part, le « système protecteur » aidé des dispositions contre les coalitions, d'autre part le remplacement militaire fonctionnant à côté de la prépotence de l'impôt indirect ; le système protecteur et la répression partiale des coalitions d'ouvriers qui dépriment abusivement les salaires, élèvent abusivement le prix de la vie populaire, pour le double et abominable profit de la fortune ; l'impôt indirect et le remplacement militaire qui portent la plus forte part de l'impôt d'argent et la totalité de l'impôt du sang sur les exilés du pouvoir politique, réalisant ainsi cette habileté vraiment inouïe de prendre exclusivement au peuple les soldats destinés à le contenir par la force, au prix de son sang et du leur, dans les institutions qui le déshéritent et le ruinent, et de lui faire encore payer la solde et la mitraille.

Mais, pour marquer à nos yeux en traits de flamme la souveraine imprudence des peuples qui abandonnent le gouvernement d'eux-mêmes, rien n'a valu jamais le second Empire et l'invasion, sa fin tragique, parce que jamais l'abdication n'a revêtu des formes aussi solennelles ni persévéré, par trois reprises, avec un aveuglement aussi résolu, parce qu'enfin il s'agit là, pour nous, d'histoire absolument contemporaine et que faute et châtiment ne nous parlent que de ce que nous avons vu, senti, souffert. Et en effet, laissez tous les errements de la vie civile et politique de l'Empire, si pleins pourtant d'enseignements de toutes sortes et, pour nous borner à ce qui regarde étroitement notre sujet, prenez uniquement ses faits de guerre.

En 1854, la guerre de Russie éclate. De quoi s'agit-il ? l'Empire s'est récemment fondé. Il est jeune, fort, acclamé à l'intérieur : il s'enracine. Mais, il lui manque une force encore. Eh ! quoi donc ? Ce qui, en politique, s'appelle « le baptême de gloire. » Dans un pays sensible par dessus tout aux succès guerriers, vain de son passé militaire, encore irrité des humiliations de 1814 et de 1815, pour une dynastie Napoléonienne enfin, c'est-à-dire chargée dans le souvenir du peuple du faix de deux invasions et hors d'état de vivre sans se laver des dernières défaites, n'est-ce pas là une consécration indispensable ? On le sent, on le sait, on la veut. Mais qui la donnera ? Eh ! qu'importe ! la Russie soit, puisque les circonstances l'amènent, puisque le destin la désigne ! Aussi bien ne sera-ce pas s'attaquer, pour premier coup d'éclat, au dernier et partant au plus proche adversaire en remontant l'histoire et en même temps à la puissance réputée la plus redoutable de l'Europe, à celle aussi dont la campagne de résistance de 1812 a le plus violemment frappé l'imagination populaire ?

Donc, à l'instar de « l'ancêtre, » on forge des motifs, des prétextes, des besoins politiques, des intérêts sacrés, des mécontentements, des récriminations, des colères ; puis on part. Il en coûte à l'Europe cinq cent mille hommes, à la France cent mille et deux milliards. La Russie est aliénée, ulcérée pour vingt ans, jusque par delà nos malheurs, l'épargne publique entamée, la population pour la première fois décroissante. L'armée décapitée de ses meilleurs éléments, décomposée par trop d'épreuves, subit la première étape d'une période de déclin que, de tout le règne, elle ne remontera plus. Eh ! qu'importe encore ! Le but personnel est atteint : la dynastie a reçu son « baptême. » Elle est sacrée, consolidée t, dès le lendemain de la guerre, les pieds sur les rancunes, les morts, les ruines, les traités mêmes et reconnaissant du service fort involontairement rendu, on organise avec éclat pour l'ambassadeur Russe une réception exceptionnellement cordiale, encadrant ainsi magistralement le drame entre deux coups de théâtre destinés à en accroître et à en prolonger l'impression sur les âmes qu'il s'agit de séduire pour rester maître (1).

A quelque temps de là, l'impression avait déjà pâli : l'intérêt languissait. Eh ! quoi ! est-ce que sous une dynastie impériale, on risquera de répéter comme autrefois que la France s'ennuie ? A Dieu ne plaise ! Justement, au milieu du calme, par un beau soir de fête, les bombes d'Orsini jetaient rue Lepeletier leur cri sinistre. Coup de théâtre à leur tour bien qu'en dehors du livret, elles ouvraient soudainement un deuxième acte. Elles devenaient le point de départ d'une entreprise nouvelle.

Et en effet, quand bien avant de monter à l'Em-

---

(1) Cette cordialité retentissante, sans souci des pauvres morts de la France, n'appelle-t-elle pas irrésistiblement sur les lèvres, à leur adresse et à celle des survivants leurs pareils, ces quatre vers sensés et sanglants du poète :

> Et tout cela pour des Altesses
> Qui, vous à peine enterrés,
> Se feront des politesses
> Pendant que vous pourrirez !

pire, de par le caprice inattendu de la France, on n'était encore qu'un aventurier d'autant de présomption et d'impatience que de peu d'avenir, comme tous les ambitieux en détresse on avait fait flèche de tout bois, suivant le mot vulgaire, frappant sans scrupule à toutes les portes : aux loges des Carbonari d'Italie comme aux guichets de la Société de Jésus. À celle-ci, très-grande force politique, opinion foncièrement gouvernementale, tenace, irrésistible pour ceux qu'elle a une fois saisis, dévouée d'ailleurs aux monarchies à la condition que les monarchies lui obéissent, certes on lui appartenait toujours et à toujours. Par intérêt, on voulait la servir comme elle veut qu'on la serve, corps et âme ; mais les autres, purs révolutionnaires, inconsistants, sans esprit de suite et susceptibles de plus de bruit que d'effet, une fois sur le pavois on ne songeait qu'à les désavouer s'il le fallait, à les oublier s'il était possible.

Or, la tentative d'Orsini, avec ses détails émouvants, sa résolution saisissante, son supplice intrépide, sa lettre patriotique, testament posthume recueilli par Jules Favre et livré par Jules Favre à tous les échos de l'Europe, ses lueurs habilement jetées sur les contagions de l'exemple, sur une suite de complices cachés dans les rangs des mille, s'élevait comme une menace, une question de salut personnel.

Avouons-le, il était dur assurément quand on jouissait, avec cette plénitude, du pouvoir, de la vie et de la France et qu'on se sentait encore de bonnes années à vivre, de quitter le banquet à son milieu. L'action fut décidée. Seulement et tout bas, car tout est ressource aux habiles, en même temps qu'il s'abriterait en affranchissant l'Italie, l'homme qui ne parlait jamais et mentait toujours se réservait — quel coup de partie ! — de la livrer affranchie, mais soigneusement morcelée dans une confédération savante, à la présidence c'est-à-dire à la domination papale.

On sait comment échoua cette seconde partie du programme impérial. Au bout de l'aventure, mince se trouva le bilan du triomphateur. Et toutefois, toujours fort soucieux de lui-même, il trouva son lot en partage. En échange de nouveaux milliards et de nouveaux milliers d'hommes semés sur les champs de bataille, l'Autriche, résultat précieux dans la donnée du règne, la coalisée de la Sainte-Alliance, la traîtresse de François II, l'assassin légendaire de Napoléon II, ce Louis XVII de la dynastie Napoléonienne, l'Autriche fut chassée de la Péninsule. A la différence de l'expédition lointaine de Crimée, accomplie tout entière hors la présence du prince et qui n'avait fait que des généraux populaires, le commandement et la gloire furent cette fois personnels au chef de l'État et la tête laurée du monarque, désir longtemps couvé et dont la réalisation valait sans doute des victoires, put apparaître enfin sur les monnaies de l'Empire.

Mais la France ? Ah ! la France, justement dédaignée, sans voix dans ses conseils, sans poids, sans influence sur ses propres destinées, omise dans le dessein, oubliée au partage, la France était la grande sacrifiée de l'entreprise. Le maître comptait seul : au maître seul de recueillir ; à elle qui ne comptait plus, de payer pour son maître. De ce jour, elle put reconnaître et sans le reconnaître elle eut le tort de laisser voir au monde que sa puissance militaire avait faibli. Partout, dans la campagne, avaient éclaté l'incapacité, le désordre. Partout, ce n'était qu'un cri parmi les témoins : un seul général avait tout sauvé : « Le général soldat. » Le salut avait tenu à des hasards, la victoire à un fil. Autre danger, après la Russie drapée dans sa rancune, l'Autriche humiliée à son tour était vouée désormais à souhaiter nos défaites, à se réjouir de nos malheurs, à savourer le plaisir de nous refuser la main quand, faute d'une main, nous devions rouler au plus profond de l'infortune, pendant que l'ombrageuse Angleterre s'inquiétait menacée par les lettres fameuses des colonels bruyamment insérées dans les colonnes du *Journal officiel*. Quant à l'Italie, écartée de sa capitale par une hautaine sommation de la politique ultramontaine, au lendemain de la confraternité des armes, elle frémissait sous l'outrage. C'était à coups redoublés, pour des intérêts dynastiques, la semence des sentiments hostiles et la préparation plus coupable encore qu'étourdie de l'isolement de la France en Europe.

Cependant, de cette époque, un fait de simple opinion mais important se produisait en silence : le jeu de l'Empire était pénétré. Le jeu de l'Empire, c'était visiblement le combat d'Horace contre les Curiaces: « Trop faible contre tous, plus fort que chacun d'eux, » comme avait dit Corneille. Revanches échelonnées épuisant jusqu'au dernier ennemi du premier Empire, au nom des calculs politiques, des exigences de l'opinion, des visées de l'esprit de famille, c'était là, disait-on, le mot ? non ! mais la pensée secrète que promenait l'ombre muette des Tuileries et qu'on croyait voir passer le long de ses lèvres fermées, derrière les yeux sans regard de son masque immobile. Dès lors, il fut constant que l'Europe se refuserait désormais à donner la réplique nécessaire au César français, à fournir les flots de sang destinés à cimenter la dynastie néfaste. Dès lors, il fut constant aussi que si le nouvel Empire avait besoin pour vivre de quelque nouvel incident dramatique, force lui serait de changer le lieu de la scène et telle fut en effet, à quelques années de là, l'origine de l'étrange expédition du Mexique.

Que des motifs puisés dans des intérêts financiers du dernier ordre par leur mérite et par leur chiffre même aient exercé leur part d'influence sur la détermination qui fut prise de s'engager dans cette aventure, le méconnaître serait assurément ne pas rendre pleine justice à l'Empire. Aux tout-puissants de l'entourage ou de la famille utérine, particulièrement au principal exécuteur du coup d'État de 1851, ce qui manquait ce n'était, comme on sait, ni l'âpreté ni l'audace. Au-delà toutefois de ces motifs, évidemment il y en avait d'autres. Laissons « la grande idée du règne, » simple mot de courtisan. Laissons l'union des races latines, fantasmagorie de politique ethnologique à l'adresse du vulgaire et que la résistance de la population mexicaine allait vite démentir. Ce qu'on chercha par-dessus tout, ce furent comme toujours des satisfactions de politique personnelle : politique ultramontaine parce qu'on était ultramontain, monarchique parce qu'on était monarque. Ce qu'on voulut enfin, en haine des États-Unis en majeure partie protestants, en possession de

cette nouveauté abominable de la liberté pratique de
tous les cultes, et qui avaient l'audace d'offrir au
monde le séditieux exemple d'une République
grande, heureuse, prospère, puissante, ce fut d'ac-
coler à leur flanc, au lendemain même de leur horrible guerre civile, une monarchie et une monarchie
catholique, épine douloureuse au premier jour,
moyen plus tard, pensait-on, de trouble et de propagande, de lutte et peut-être de dissolution.

Souhaits vains, ridicules, rapidement punis ! Malgré l'héroïsme de l'armée, l'expédition ne pouvait
aboutir. Irritée d'abord, la grande République reprit
vite son sang-froid et, sûre de l'avenir, attendit l'issue fatale la main tranquillement posée sur sa doctrine de Monroë. Quand le moment fut venu, sans
même daigner en faire montre aux yeux du monde,
elle dit un mot, intima tout bas son délai, puis d'un
pied dédaigneux repoussa l'Empire aux flots de
l'Atlantique : l'expédition du Mexique était finie. Dure
humiliation que la politique impériale dut dévorer
en silence sous peine de signaler à l'attention de la
France, par la vivacité de la colère, la portée de l'insuccès et de l'affront ! Rude atteinte aussi à son prestige au dehors ! Et en effet, étourderie et déconve-
nue, imprévoyance et malveillances déjouées, blessures d'amour-propre infligées sans ménagement,

subies par retour en rongeant le frein, tout se réunit à la fois pour rendre cette atteinte plus sensible et plus profonde. Il n'y eut pas jusqu'aux circonstances des plus douloureuses : la mort du jeune archiduc qu'on avait attiré dans cette équipée par l'appât d'une couronne et d'un grand rôle, puis la folie de la princesse Charlotte accablée par ses malheurs, qui ne vînssent contribuer à porter l'écho de l'échec principal jusqu'aux derniers coins de l'Europe, en y attachant cette sorte d'intérêt tragique qui a par dessus tout le don d'émouvoir l'âme des peuples.

Plus rude encore, toutefois, fut le coup porté à la France. Entêté à ne quitter la partie qu'à bout de ressources et n'osant, d'autre part, sous les yeux du public, proposer aux Chambres, malgré leur servilité et son audace, les crédits énormes qu'eût réclamés une guerre impopulaire, le Gouvernement impérial se décida à puiser dans les arsenaux sans mot dire et sans combler les vides. Ce fut une ruine à l'aveugle. On ne sait pas, on ne saura jamais ce que le sol mexicain a dévoré de nos ressources. Notre pénurie seule a pu le faire pressentir plus tard, en 1870, sans réussir à en révéler la mesure. Par la race, les obstacles, l'impossibilité d'en finir, la profondeur du gouffre, l'expédition du Mexique fut ainsi comme une seconde guerre d'Espagne. La première avait été le tombeau de nos soldats ; la seconde, résultat aussi grave, fut celui de notre matériel de guerre, dernier enseignement, dommage suprême de la politique odieusement personnelle de l'Empire !

Le dernier ! le dernier ai-je dit ! non, non ! ce ne fut pas le dernier par malheur et l'invasion arrivait à grands pas, l'invasion qui devait jeter un jour implacable et sur elle-même et sur tous ces enseignements antérieurs, encore inaperçus pour tant d'intelligences, semblable en cela à la vive lumière d'un phare qui après avoir éclairé les flots où il plonge, remonte d'un trait le cours des vagues, les saisit, les dépasse, les pénètre rapidement, de proche en proche jusqu'à la plus lointaine.

Quelle lumière en effet sinistre mais puissante! On lit comme dans un livre ouvert. Au retour du Mexique, l'Empire frémissait au fond de l'âme d'humiliation et de colère. De désespoir, il se fit libéral. Ne fallait-il pas occuper, disons mieux sa pensée, amuser la France ? « Comediante, » avait dit autrefois Pie VII. La France fut moins perspicace et d'ailleurs tout ce qui croupissait ou s'agitait à sa surface de peurs honteuses, de bas calculs, de conseils intéressés, d'éloquences malsaines ne se souleva-t-il pas pour convaincre ? Le plébiscite réussit. Étonné

de trouver la France en ses comices encore et toujours si aveuglément soumise quand il appréhendait
la froideur, le partage des voix, le blâme, la défiance
sévère, le désenchantement, au moins la clairvoyance après tant de fautes, de dilapidations, de
jongleries usées ; étonné enfin de n'avoir rien perdu
quand, en bonne justice, on eût dû tout perdre,
l'Empire put se dire qu'on avait bien le droit de tout
oser avec un pareil peuple, et de nouveau on le vit
hanté par la pensée de sa ressource habituelle : la
pensée de la guerre.

La guerre ! la guerre allemande ! ouvrez les yeux.
Qui donc l'a voulue ? Qui donc, après l'avoir voulue
et engagée, la paralyse, l'abandonne, la compromet,
la renonce, la déshonore ?

Qui l'a voulue ? Est-ce la France ? Non ! je l'ai vu ;
cela n'est pas vrai. La France avait assez des aventures guerrières. Elle ne souhaitait que le repos.
Est-ce la France qui, lors de Sadowa, avait été
aveugle, puis jouée, puis rudoyée après avoir passé
par les angoisses patriotiques ? Est-ce la France qui,
sous l'impulsion d'un double fanatisme espagnol et
maternel, avait ressenti le besoin d'une lutte ultramontaine contre une nation protestante ou du bap-
tème du feu pour un prince impérial ? Est-ce la
France qui a poussé le cri : « Ah ! cette guerre,

c'est ma guerre ! » Non ! pour émouvoir un peu Paris, il a fallu jeter sur le pavé de Paris l'émeute soldée des blouses blanches. Pour entraîner le Corps législatif si humble, si dévoué, si peu rebelle mais inquiet et troublé, il a fallu donner un mot d'ordre, étouffer une voix éloquente et sage, organe du plus pur patriotisme, dissimuler, aggraver, tronquer des dépêches, commettre des faux en écriture politique. Et qui a voulu, qui a fait tout cela ? Qui a soldé, menti, trompé ? Qui ? C'est l'Empire.

La guerre voulue et entamée, qui donc, disons-nous, l'a paralysée, perdue ? En vérité, quand on voit le dénûment, la dispersion, le désordre, l'énorme infériorité numérique, ne jurerait-on pas que tout a été préparé pour la défaite ? Est-ce donc que cet homme pour lequel il n'était ni foi ni droit, ce volupteux matérialiste et sans cœur, cet égoïste impitoyable qui se sentait mourir et dont l'autopsie prochaine allait jeter ses médecins dans l'étonnement qu'il eût pu vivre, est-ce que par hasard ce muet terrible se serait dit, dans son silence, comme un Louis XV plus vil : Je vais m'éteindre. Qu'importe après moi ! Après moi l'abîme ! Est-ce que ce dictateur, ce politique à bout de ruses se serait dit : Ah ! vraiment, bientôt peut-être ce serait la liberté ; vienne plutôt la ruine ! Ils oseraient m'échapper !

Allons donc, qu'ils périssent ! Ils me réduiraient au libéralisme ? Non, non ! que le malheur les réduise !

Laissons pourtant ces « ténèbres visibles » comme eût dit Milton, d'une âme sur laquelle le jour ne s'est pas fait et ne se fera jamais. Est-ce que les faits extérieurs ne sont pas assez accablants ? Qui donc pour être tranquille, indiscuté, maître, qui donc avait supprimé ou retenu dans l'ombre ces rapports d'attachés militaires destinés à éclairer la France sur les forces de l'implacable ennemie placée à son flanc ? Qui donc, en déclarant la guerre, avait détruit par avance les ressources de la guerre ? Qui avait placé la France dans cette alternative ou de vouer indéfiniment ses richesses et ses armées au caprice des aventures sanglantes ou, pour couper le mal, de refuser hommes et subsides, mais de rester désarmée ? Qui ? L'Empire. Qui a sciemment lancé deux cent cinquante mille hommes divisés, au-devant d'un million d'hommes ? L'Empire. Qui a entravé, frappé de mort, par les embarras de la personne impériale, la marche suprême sur Sedan ? Qui donc a confessé, à la face de l'Europe, dans une lettre restée fameuse (1), que des motifs politiques c'est-à-dire dynastiques, et non des motifs stratégiques c'est-à-dire puisés dans l'intérêt de la défense nationale,

_____

(1) La lettre à sir John Burgoyne.

avaient déterminé cette marche périlleuse où devait
s'engouffrer tout entière, devant la cigarette impassible, l'armée de secours de Paris, la dernière armée de la France ? Qui ? L'Empire.

Enfin, douleur plus amère, tristesse plus profonde,
qui donc a immobilisé sous Metz toute une armée?
Qui donc a rendu plausible aux yeux de son chef un
tissu de fables ridicules où l'on emprisonnait sa
crédulité volontaire ? Quel esprit du mal siégeait
donc aux côtés d'un maréchal de France pour l'entraîner à trahir; pour un rôle diplomatique, ses devoirs
de chef d'armée, à repousser par des motifs d'opinions « ces gens-là », quand ces gens-là étaient ceux
qui, sans croire au maître, ne voulaient pas déses-
pérer de la défense nationale et à défaut du démembrement inévitable, allaient au moins sauver l'honneur ? Qui donc lui faisait oublier qu'à défaut de
l'Empire, « la France existait toujours ? » Qui ? qui?
sinon l'esprit de l'Empire ?

Ai-je raison de dire que jamais preuve pareille ne
fut donnée de l'imprudence des peuples assez insensés pour abandonner à autrui le gouvernement
d'eux-mêmes ? Ai-je raison de dire que jamais
preuve pareille ne fut donnée des périls, des justes
châtiments du gouvernement personnel ? N'est-il pas
vrai que cette leçon de l'invasion est terrible, écla-

tante ; qu'elle vaut bien la peine d'être prêchée et
que j'ai bien raison de consacrer à la prêcher
quelques heures de ma nouvelle vie ?

A côté de celle-là combien d'autres leçons !

Parmi nous, il n'en est guère, je crois, qui n'ait
jeté vingt fois un regard sévère, inquiet, hostile
même sur le budget de la guerre et les institutions
de la guerre. Il n'en est guère qui n'ait décrié l'esprit militaire avec son dogme d'obéissance passive,
ses servitudes, ses dangers politiques. Il n'en est
guère qui, dans son for intérieur, n'ait repoussé la
profession des armes fort loin vers le bas de l'échelle.
Et combien qui dans les rangs, par exemple, de la
Ligue de la paix, se sont évertués à miner à flots
d'éloquence les étroitesses du patriotisme, au nom
de la largeur de l'esprit humanitaire, allant jusqu'à
abandonner un moment les exigences du style noble
pour avoir le plaisir de le conspuer du nom de chau-
vinisme ! Combien enfin se sont élevés contre les
armées permanentes ou, sous le coup d'illusions
généreuses, ont enfourché la tribune retentissante du
désarmement universel !

Eh ! bien, nous nous sommes trompés et, à la
lueur de l'invasion, il faut proclamer bien haut que
nous nous sommes trompés. On a cédé à des entraî-
nements étourdis, à des imprudences, à des rêves.

Tant que, dans la vie privée, les mœurs — et Dieu sait en quel siècle — n'auront pas anéanti la possibilité de certaines injures ; tant que, ce qui n'est pas plus proche, la loi ne se sera pas résolue à frapper de la ruine, et de la mort même, ces injures qui sont mortelles, soyez sûrs que pour elles le champ du droit naturel restera fatalement ouvert. Nous n'aurons plus le temps d'apprendre compendieusement le maniement d'une épée, non, mais lire sur la gachette d'un pistolet ne sera jamais d'un difficile apprentissage, et malheur à l'homme qui ne sentira pas que le premier des biens est la considération, l'honneur ! Honte et malheur à qui n'aura pas le ferme propos de faire disparaître l'insulteur avec l'insulte, au risque, eh ! qu'importe ! de toutes les représailles individuelles ou sociales, mises sous le pied, sans un coup d'œil ! De même, sachons-le bien, tant que dans la vie internationale, pourra surgir la menace de la guerre, malheur, honte et malheur au peuple qui, pour sauver ses premiers biens : sol, influence, traditions, puissance, honneur, indépendance, balancera de jeter à l'abîme fût-ce la moitié de sa population et la totalité de sa fortune !

Et alors que faut-il donc croire et dire ? C'est que le budget de la guerre est le budget sacré qu'il faut s'applaudir de combler, s'attrister de restreindre, se

refuser absolument à réduire, où doivent au besoin
se jeter comme Curtius tout le superflu du riche,
partie même du nécessaire du pauvre, partie de
la vie parce que l'indépendance et l'honneur sont
plus que la vie. Ce qu'il faut dire, c'est que l'intérêt
de la défense nationale est l'intérêt suprême devant
lequel tout se tait, rien ne pèse ; c'est que l'armée,
je dis l'armée nationale, doit être l'institution de
prédilection du pays, son amour, son souci comme
son printemps, sa force, sa jeunesse ; sa gloire comme
sa sauvegarde ; à qui rien, rien ne doit manquer, un
jour, une heure, de ce qui dans les prévisions les
plus lointaines peut au cours d'une campagne influer
pour un dix-millionnième dans le sens de la victoire, contre la défaite. Ce qu'il faut dire encore,
c'est que le patriotisme est bon, avouable, utile,
nécessaire jusque dans ses écarts, ses excès, ses
fureurs, parce qu'il est toujours un dévouement au
pays et qu'en fait de dévouement on ne passe pas la
mesure. C'est enfin, que s'il faut exiger beaucoup
des chefs de l'armée, partout il faut aussi leur donner le premier rang, leur prodiguer non la fortune
qui abaisse mais, avec la légitime aisance pour les
enfants et les femmes, l'influence, le respect, la considération qui font la vie heureuse et fière, les garder
de Capoue où l'on s'amollit et se perd, mais leur

montrer, leur ouvrir le Capitole qui exalte, le Panthéon qui immortalise.

Plût à Dieu que pour hâter cette sécurité de l'indépendance nationale, cette réorganisation de l'armée trop lente à se poursuivre en présence des menaces de l'avenir, plût à Dieu que tant que la France ne sera pas hérissée de ses forteresses, couverte par ses populations en armes, l'État se résolût à prendre, haut la main, à tout ce qui possède un revenu, la moitié de son revenu ! Je sais plus d'un cœur qui se réjouirait du sacrifice, qui battrait à la lecture du décret prétendu révolutionnaire.

Nous nous sommes trompés sur tout cela, mais quoi ! ce n'est pas en cela seulement que nous nous sommes trompés.

N'avons-nous pas eu la prétention d'adoucir, d'humaniser, de civiliser, d'ennoblir même la guerre, d'en faire comme une sorte de tournoi à fer émoulu acclamé par les populations, juges des grands coups, applaudi des dames, méritant et donnant la gloire indépendamment des mobiles et des causes, rehaussé, embelli d'ailleurs d'esprit chevaleresque ? Ne l'avons-nous pas dotée de règles, de traditions, de lois, d'un droit à son usage ? Étranges billevesées, illusions à coup sûr aussi contraires aux intérêts des peuples qu'à la raison, à la justice, au droit véri-

table ! Erreurs malheureuses et allant contre leur
but !

Des règles, un droit à la guerre ? Eh ! vraiment,
comment cela ? Est-ce que la guerre ne sort pas précisément de l'impossibilité de tout recours à une loi ?
Est-ce qu'elle n'est pas l'appel cru, brutal à la force
précisément parce que le droit en tant que droit n'a pas
la force de prévaloir ? Vous m'attaquez, je me défends,
je vous tue pour me défendre ; est-ce que par hasard
il y aurait des règles pour que je vous tue ? Vous
parlez de gloire ? Ah ! ce qui fait la gloire c'est la
légitimité, la sainteté de la cause, mais qu'a-t-elle
alors de commun avec la guerre ? Le droit, dites-
vous, prime la force ? Il n'y a pas de droit contre le
droit, formulez-vous encore ? Belles paroles et qui
sentent noblement leur réplique. En fait, la force
abat nettement sa victime ; elle couvre un coin
de l'Europe d'une nationalité démembrée, sanglante.
L'histoire vient, ah ! oui elle vient et elle pleure
toutes ses larmes ; la gloire aussi qui grave sur la
tombe quelques mots superbes ; mais quand on
grave, quand on pleure, c'est que tout est fini et le
mort est dessous qui n'entend plus ni qu'on grave
ni qu'on pleure.

Au fond, qu'est-ce que vous voulez ? Détester,
réprouver la guerre, en finir avec la guerre, bannir

la guerre. Eh ! bien, laissez-lui son atrocité. Le seul
moyen qu'on y renonce, c'est qu'elle effraie, qu'elle
révolte, qu'elle épouvante. Vos oripeaux empruntés
de qualités morales empêchent de la voir et l'éter-
nisent. Vous la tenez pour inévitable ? Eh bien,
alors, c'est franche, c'est libre qu'il faut dire, c'est
efficace, sans compromis ni duperies, ni sensibleries.
Tendre la seconde joue au soufflet peut être de mise
dans la vie d'un saint ; mais quoi ! si l'adversaire a
l'émotion rebelle, n'est-il pas vrai que cela manque
absolument de solution pratique ? Après vous, mes-
sieurs les Anglais, peut faire bonne figure dans l'histoire ; au fond, rendre des points n'est pas le moyen
de gagner la partie et a-t-on bien le droit de rendre
des points quand l'enjeu est la sécurité et l'indépendance nationales ? Non ! Chinoiseries véritables que
tout cela. Le vrai mot est celui du maître d'armes
de Molière. La vraie leçon, la Prusse nous l'a donnée
quand se riant du préjugé des capitulations honorables, repoussant dans nos places les bouches inutiles, elle négligeait les casemates de la troupe pour
chercher de ses bombes et ameuter contre la défense
les populations urbaines. On se récriait, soit ! Mais
s'est-on rendu ? Oui ? Eh ! bien voilà la guerre.

Enfin, il est une chose que vous voulez, n'est-ce
pas, oh ! que vous voulez sans réserve, par-dessus

tout, j'en suis sûr, c'est assurer, c'est protéger, favoriser même la juste défense des faibles. Eh! bien,
par vos entraves, par vos prétendues lois de la
guerre, cette défense vous la frappez de mort. Ces
règles en effet, en présence de son adversaire hors
d'état de les faire prévaloir, le fort les impose et il
les viole. Double et triple coup pour le faible tout à
la fois asservi, paralysé, entravé, leurré, trahi par
elles.

Il n'est, direz-vous, de réguliers que les combats
d'escadres et le droit de la guerre ne permet de se
tuer régulièrement en mer qu'à bord de cuirassés.
Or, je suis un petit État pauvre, dénué, dont le budget s'épuiserait tout entier à mettre à flots le quart
d'une escadre. Qu'ai-je pour sauver mon repos,
mon indépendance, ma vie, ma sécurité, au besoin
ma vengeance? La course; et au nom du droit de la
guerre, vous m'interdirez la course? En vérité,
qu'est-ce donc que vos règles pourraient faire de
plus pour m'anéantir?

A défaut de vos richesses, pour moi point de nom-
breuse armée permanente, non, mais ma population
est brave, fière, résolue, enflammée du plus ardent
patriotisme. Au nom d'un abominable droit de la
guerre, allez-vous venir lui dire avec insolence, du
haut de votre organisation et de votre force régu-

lière : Vous n'avez pas qualité pour défendre ce foyer que je brûle et qui est le vôtre, ces biens que je vais vous ravir, cette patrie que je veux ruiner, meurtrir, mutiler sous vos yeux ?

Pour un peu, au nom de votre droit de la guerre, vous iriez, qui sait? jusqu'à proscrire ces résolutions héroïques de quelques-uns de nos chefs d'armée, dans nos invasions antérieures, menaçant, à défaut de conditions honorables, de se faire écraser mais en tuant aux alliés quarante mille hommes; vous iriez jusqu'à interdire ces combats sans quartier dont la seule annonce en 1870 effrayait si visiblement les troupes allemandes et ces nobles sacrifices de la vie qui sont la force du désespoir.

Or, est-ce tout cela que vous voulez? Est-ce là ce que nous pouvons vouloir? Non, non ! Nous avons vu l'invasion, nous entendons encore la grande voix de l'invasion : sa leçon est la proscription, la réprobation d'un pareil droit, du prétendu droit de la guerre.

Mais où nous nous sommes trompés d'une erreur plus grave peut-être, plus périlleuse encore et moins digne de pardon, où l'invasion nous éclaire, parle et crie contre nous, c'est quand au nom d'un prétendu droit des gens, nous avons imprudemment consenti à séparer dans la guerre le sort de nos armées et celui de nos populations civiles. Eh ! quoi ! toute la jeunesse virile, pressée sous le drapeau, devra, dites-vous, courir tous les jours, à toute heure, au-devant des mutilations et de la mort sur les champs de bataille, sourde à toute autre voix que celle du devoir, sans souci permis, possible, que d'acheter à toute heure le salut du pays au prix de sa vie. Et, en regard, la population, sa source, sa mère, ne connaîtra, elle, pour devoir et n'aura pour régle admise, avouée, prescrite même, que de pourvoir à son propre salut fût-ce au prix du salut du pays? Abnégation, héroïsme d'un côté, de l'autre lâcheté et égoïsme !

Quoi ! pour le chef d'armée, se rendre sera en rase campagne un crime puni de la dégradation et de la mort, dans une place fortifiée un malheur qui veut le sang et les ruines pour excuse, partout une humiliation cruelle et, à l'entrée d'une armée d'invasion, la population civile n'aura qu'à passer aussi doucement que possible sous le joug du vainqueur, admettre son autorité comme la simple substitution d'un gouvernement à un autre, accepter comme un fait légal sa dénationalisation momentanée, acquitter l'impôt dans ses mains en se consolant apparemment par la pensée que les versements viendront en l'acquit de la créance du gouvernement national et qu'en somme au bout de l'an on n'aura pas payé davantage ? Quoi ! se ranger tout entière sous les ordres de l'envahisseur et lui constituer, de sa municipalité et de tous ses services, une intendance immense, gratuite, qui au courant, seule au courant de l'existence des choses, des places, des moyens, des nombres, supprime tout, contre l'intérêt de la défense, au profit de l'attaque : obscurités, lenteurs, secrets, difficultés, obstacles, ce seront là, de par le droit, l'obligation et le rôle des populations civiles : heureuses si glissant sur cette pente, elle ne tombent pas jusqu'à celui de pourvoyeurs bientôt volontaires et intéressés de l'ennemi !

Et qui donc a édicté ces règles prétendues bourrées de si rudes scandales ? Ceci est, dites-vous, le droit des gens. Vraiment ! le droit des gens ! Qu'est-ce donc que le droit des gens ? où prenez-vous le droit des gens ? Où s'est-il fait ? sur quel Sinaï, en quel temps a-t-il donc été proclamé ? Où sont les titres, les conventions, les délibérations internationales ? Il n'y a rien, non, rien que de pures opinions individuelles. Eh ! quoi ! le droit des gens, le sort d'une nation vont-ils donc dépendre d'une élucubration de quelque philosophe qui, les pieds sur les chenets, aura politiqué ? Quoi ! le droit des gens, c'est la façon de voir de Grotius, l'idée de Pufendorf, un syllogisme de Vattel, l'opinion de Martens ou de

Bluntschli! Et depuis quand des opinions individuelles, de si grands esprits même qu'elles émanent,
deviennent-elles articles de loi, adages de droit, tra-
dition, jurisprudence? Est-ce que l'Ethique d'Aristote ou la République de Platon vont compléter notre
code civil?

Et l'on enseigne cela dans nos grandes écoles de
droit! Et sans base légale, sans que dans nos codes
réguliers, les codes réels, les vrais ceux-là, rien l'au-
torise ou s'en approche, on pourra voir des tribu-
naux, sous l'empire de l'habitude, de l'enseignement
reçu et de cette étroitesse de l'esprit légiste toujours
tendu en toute matière à jurer *in verba magistri*, se
faire les adeptes de ces doctrines, les exécuteurs de
ces malfaisantes élucubrations, pour la trahison du
droit véritable et la ruine peut-être de leur patrie?

Non, non! laissons là ces chimères de droit, ces
fantômes de prescriptions. S'il nous faut, et il nous
en faut en effet, si, dis-je, il nous faut des lois de la
guerre, faisons nous-mêmes nos lois de la guerre;
mais qu'alors ces lois soient des lois protectrices,
élevées, salutaires, tutélaires, patriotiques. Patriotiques, qu'elles soient aussi et par dessus tout des
lois draconiennes! Qu'elles apprennent à tout prix à
tous les hommes que dans une guerre défensive, tout
doit céder à l'intérêt de la défense et pour mieux

dire qu'il n'y a plus au monde encore une fois qu'un intérêt : celui de la défense devant lequel tous les droits ordinaires : propriété, liberté, vie même des hommes, il ne faut pas dire s'inclinent, non, mais ne comptent plus, mais s'anéantissent.

Dans une guerre d'invasion, l'armée ennemie pénètre-t-elle sur un point du territoire abandonné, frappé, désarmé ? D'abord et du premier coup il faut que la commune disparaisse. Détachée du tronc, la branche est morte et tombe. Avec la perte du lien vital de la nationalité, toute vie sociale doit s'éteindre. Plus de municipalité ! que ferait-elle ? Qu'elle descende de son siège à l'instant comme le drapeau s'abaisse en signe d'abdication et de deuil ! Dévolution de la patrie, son pouvoir, quand la patrie est perdue, tout le temps que la patrie est perdue, ne serait qu'une usurpation sacrilége. Organisation périlleuse, prise énorme offerte à toute main puissante, habile ou sans pitié, elle ne serait qu'une force aux mains du vainqueur, contre la défense une défection et une trahison.

Traître donc en effet, faut-il dire, qui garderait ou accepterait dans ces termes les fonctions municipales sous la pression de l'envahisseur. Au premier retour offensif, au nom de la défense, qu'il périsse ! Par l'ordre et dans l'intérêt de la défense, il faut que l'ennemi ne trouve devant lui que de malheureuses créatures isolées, éparses, sans abri comme sans force mais du moins sans ressources, brisées mais insaisissables, incapables peut-être de résister à quelque degré que ce soit, d'entraver, de nuire, quoique le désespoir trouve bien des armes, mais hors d'état du moins de servir et vouées à tous les genres d'infortune, hormis pourtant la perte de l'honneur.

Est-ce là tout leur rôle? Non! la défense ne serait pas satisfaite. Dans leur isolement, dans leur exil momentané de la patrie absente, ces hommes en sont encore les citoyens, les ministres. Elle vit dans leurs âmes avec son souvenir, ses ordres, ses devoirs. Or, leur devoir est de faire à tous risques le vide devant l'ennemi, de détruire en avant de sa marche tout ce qui peut le vêtir, l'alimenter, le porter, le fortifier, l'aider dans sa lutte contre l'armée nationale. Aujourd'hui plus que jamais, ces ressources à puiser dans le pays envahi sont indispensables à une armée envahissante, sous peine d'impuissance. Qu'en conclure? Que fournir des aliments, des vêtements, des transports, de l'avoine, des fourrages à l'armée d'invasion, est de la part de la population civile, au point de vue de la guerre, le même fait, un fait aussi odieux, aussi criminel que de fournir à l'ennemi la

poudre et les balles qui porteront la mort dans les
rangs de l'armée ; que fournir la poudre et les balles
est le même fait par ses conséquences, un fait aussi
odieux, aussi criminel, que d'en faire usage contre
l'armée de défense ; qu'aussi criminels, tous ces faits
doivent trouver devant eux la même résolution de s'y
soustraire, la même réprobation patriotique, au
besoin, si par malheur il en est besoin, une répression pareille, la même peine légale : la mort par les
balles de l'armée de défense.

Que donc nos lois de guerre l'édictent, qu'elles le
proclament ! qu'on le sache bien à l'avance ! Ne point
détruire les ressources à portée de l'armée d'invasion, s'en abstenir délibérément malgré l'injonction,
s'y refuser, sont des crimes qui doivent amener devant les conseils de guerre. Signer une réquisition
au profit de l'armée d'invasion est un fait de guerre
qui doit amener devant les conseils de guerre. Livrer
volontairement des denrées à l'ennemi, faire commerce avec l'ennemi, courir au loin pour lui recruter
des approvisionnements chèrement payés sont des
faits de guerre qui, frappés d'abord par la sentence
inflexible de l'opinion, doivent amener devant d'in-
flexibles conseils de guerre. En revanche, que nos
lois le disent aussi et qu'on le sache bien à l'avance,
la destruction volontaire, résolue, acte civique, se-

cours patriotique à l'armée, participation des plus
efficaces à la lutte nationale, doit ouvrir un droit, le
droit le plus large à d'intégrales indemnités qui, sachons-le bien, n'atteindront jamais, à la charge du
pays, les milliards d'une rançon après la défaite, indemnités qui seront accompagnées de l'approbation
de l'opinion, des témoignages des pouvoirs publics et
de récompenses d'honneur parfois solennellement
décernées.

Mais quoi ! dites-vous, ces approvisionnements
qu'il s'agit de détruire pour les ravir à l'ennemi, ils
doivent aussi nourrir les populations civiles. Détruits,
de quoi vivront-elles ? Allons au-delà du vrai, au-delà
de leur intelligence, de leur savoir-faire, de leurs facilités, de leurs ruses, au-delà du possible. Mourront-
elles ? C'est un malheur cruel, mais c'est la guerre.
L'armée lutte et meurt par le fer et le feu, les populations civiles auront, et pourquoi pas ? leur façon de
lutter pour le pays et de mourir. Mais au lieu de
l'ordre et de la mesure c'est la violence, le pillage ?
Eh ! bien, il faut en effet que ce soit le pillage, parce
qu'il faut que l'ennemi soit l'ennemi, parce qu'il faut
qu'on le haïsse, qu'on se soulève, qu'on le détruise
en détail, qu'on le harasse, parce qu'au milieu de
populations désespérément hostiles, la marche est
difficile, impossible et qu'il faut que sa marche soit

impossible. C'est un mince crime pour mourir que
d'avoir signé une réquisition sous le coup d'une menace de mort. édictée par l'ennemi? Eh! qu'est-ce
donc qu'a fait le pauvre jeune soldat pour tomber
mutilé, mort sur le champ de bataille? Vous n'ob-
tiendrez pas l'obéissance! Quoi! lorsque vos jeunes
soldats, les nerfs ébranlés par le fracas du combat
et la senteur de la mort, lâchent pied un moment
sur le champ de bataille, vous les menez le long d'un
mur et vous faites ce que le *Journal officiel* appelait
un jour des exemples terribles. Eh! bien, vous ferez
des exemples terribles.

Notez que cette édiction de la peine capitale est
un immense, un nécessaire moyen de résistance que
vous mettez aux mains de vos nationaux. Aujour-
d'hui, avec ce lâche droit des gens, que peut répondre une municipalité qu'on presse, qu'on menace? Après l'édiction de la peine capitale : mourir
pour mourir, dira-t-elle, j'aime mieux mourir pour
mon pays et sous les balles ennemies que traître à
mon pays, réprouvé par mon pays et sous des balles
françaises. Dans cette voie, d'ailleurs, s'il s'y enga-
geait, l'envahisseur n'irait pas loin, croyez-le. Il
trouverait vite devant lui l'irrésistible soulève-
ment de la réprobation européenne, sans compter
les représailles et le caractère de terrifiante,

disons d'utile atrocité que prendrait aussitôt la guerre.

Somme toute et au nom de la défense nationale, ce qu'à tout prix il ne faut pas revoir, ce sont — ce qu'on a vu — des populations pesant sur des chefs de corps pour empêcher la défense dans l'intérêt de leurs habitations et de leurs personnes. Ce qu'à tout prix il ne faut pas revoir, ce sont — ce qu'on a vu — des citoyens allant à cent lieues recruter des approvisionnements pour l'ennemi, en vue d'un gain abominable ; ce sont des localités trahissant des corps francs pour ne pas être compromises par leur voisinage ou se disant dans leur cœur, d'accord avec leurs municipalités aussi méprisables qu'elles : donnons moins, moins encore pour les troupes françaises qui n'ont pas le droit de nous faire du mal ; gardons pour l'ennemi dont nous avons tout à craindre. Ce qu'à tout prix il ne faut pas revoir, c'est que le père de famille fournisse la veille ses mille quintaux d'avoine à la charge ennemie où, le lendemain, ses fils devront périr. Il ne le faut pas parce qu'avec des aberrations, des lâchetés, des complicités pareilles, non-seulement il n'est plus permis de compter sur la défense, mais il n'y a plus de patriotisme possible, plus d'honneur national.

Voilà ce que nous dit l'invasion, ce qu'elle nous

crie, ce qu'elle réclame quand l'oreille encore à ses bruits, les yeux à ses lueurs brûlantes, on nous parle des lois de la guerre.

Il est enfin une leçon encore qui doit être relevée ici, dès cette première heure, c'est le jour singulier que l'invasion jette sur le pouvoir véritablement extraordinaire d'une opinion qui, si elle n'est pas nouvelle dans notre pays, l'est du moins par les proportions qu'elle a prises. Je veux dire l'opinion ultramontaine, celle — et quelle raison de ne pas lui donner son nom populaire? — celle que le langage populaire a qualifiée de «parti clérical». Rarement, à coup sûr, circonstances se sont prononcées de façon plus grave. Rarement avis plus menaçant s'est formulé d'une voix plus nette et plus pressante à l'adresse d'un peuple.

Pauvre France ! faut-il dire, France distraite, divisée et troublée par tes révolutions et tes divers régimes, absorbée par ton labeur de tous les jours, fatiguée aussi, fatiguée d'épreuves, prends garde!

Certes, tu as un clergé national. Mêlé à ta population, en contact incessant avec elle, sensible à l'opinion, à sa vigilance, à ses désapprobations, à son estime, au dire des plus sûrs témoins il est un des plus respectables de l'Europe. Relativement instruit et pourvu pour son enseignement d'une morale qui n'est autre que la morale éternelle, à côté des familles, des penseurs, des écrivains, des professeurs, des instituteurs, il a sa part et remplit son rôle dans la grande tâche d'élever par instants les esprits et les âmes aux régions supérieures et de les entretenir des grandes questions à défaut desquelles, en moins d'un siècle peut-être, la civilisation se réduirait à n'être qu'un ensemble de faits et d'objets matériels et l'homme même descendrait de cent degrés sur l'échelle des êtres. Sorti enfin pour l'immense majorité des rangs du peuple, comme lui il est patriote. A son honneur, pendant l'invasion, cent actes de fermeté : résistances, violences et dangers encourus, secours à l'armée, renseignements à l'armée, prison subie parfois malgré l'hiver, la maladie, l'âge, en ont rendu sous nos yeux témoignage. Ah ! ce n'est pas lui, ce n'est pas ce clergé qui est à craindre !

Mais tu as eu le tort de ne pas le garder contre le dehors ; tu as eu le tort de ne pas le défendre ; mais une nuée froide et sombre s'est élevée sur lui et sur toi. Venue sur l'aile des vents, d'au-delà des Alpes, elle a monté en silence. Elle l'a couvert et te couvre. Prends garde ! Ce qu'elle projette au loin autour d'elle ce n'est plus la consolation, un mot des grands problèmes, la morale éternelle. Ce sont les préjugés,

l'intolérance, la superstition, l'esprit de domination.
A son ombre, avec l'indépendance de ton clergé insi-
dieusement asservi malgré lui au nom même de sa
conscience, s'atrophient et meurent, comme les
bourgeons sous une gelée d'avril, la raison, la libre
pensée, la liberté, la dignité des hommes, tout ce
qui a fait ta gloire et qui t'a fait vivre. Prends garde !

Prends garde ! A présent que te voilà plus calme
et déjà — pour nous quelle joie ! — sur la pente de
l'union et de la force, ramène donc tes yeux en arrière
sur les jours de tes derniers malheurs.

La veille, n'est-il pas vrai qu'à la Cour de l'Empire toute puissante était l'opinion ultramontaine. On
voulait ce qu'elle voulait, tout ce qu'elle voulait. Ce
qu'elle ne voulait pas, on n'eût pas eu l'idée de le vouloir. Or, la guerre s'est faite, n'est-ce pas ? C'est donc
l'Empire qui t'a jetée dans la guerre, mais c'est aussi
l'opinion ultramontaine. Pourquoi ? Ah ! pourquoi ?
Ne serait-ce pas qu'on en attendait succès et profit ?
Car vois : la guerre était-elle heureuse, on savourait
le délicieux plaisir et en même temps l'ironie suprême
d'écraser une nation protestante par tes mains si peu
fervemment catholiques. A plein cœur, on terrassait
enfin cet esprit libéral toujours excommunié sous le
nom d'esprit révolutionnaire. L'Empire et « le parti »
te tenaient pour vingt ans sous la botte ou la boucle,

sauf à pratiquer entre eux le partage de tes déboires, la ventilation de tes ruines et de tes servitudes. Cette guerre était-elle au contraire semée de revers, terminée par la défaite ? Eh ! bien, alors on comptait sur ce pouvoir douloureux des épreuves, pouvoir constant pour les individus comme pour les peuples, qui les précipite les uns comme les autres dans ce besoin de se reposer, d'espérer, de croire fût-ce à la superstition même, recours à tous les sommeils que les cultes appellent un réveil.

Est-ce vrai tout cela ? Le calcul est-il plausible ? Était-il fondé ? Est-ce faire injure à la société fameuse qui mène encore jusqu'ici l'Église d'écarter d'elle les vains scrupules ? L'événement a-t-il prononcé ? Tes classes élevées ont-elles en effet passé, en nombre inouï, sous le drapeau de l'opinion ultramontaine ? Malgré le progrès des idées libérales et républicaines, est-il vrai que le parti clérical est puissant ? Est-il vrai qu'il y a quelques mois à peine, tu l'as vu plus puissant que jamais ? Eh ! bien, regarde, compte, réfléchis, rappelle : « is fecit cui prodest. »

Continue ! Redescends ta vallée ! Te souviens-tu comme au cours de l'invasion, dans un certain monde, on refusait ses fils à la défense nationale ? Était-ce donc par lâcheté ? Non, pas toujours. Non, mais c'était chose horrible à penser que tu pusses être sauvée par le parti libéral et pour une République. En même temps, on plaçait en pleine lumière une légion thébaine brave, résolue, brillante sur le champ de bataille, mi-partie d'esprit de sacristie et d'héroïsme, d'hommes initiés au secret, d'étrangers au secret, pépinière et trésor d'intrépides et de politiques, d'intéressés et de dévoués, de candidats et de martyrs. Dans la main de la toute-puissante société, la légion était une arme, le dévouement un drapeau, le drapeau une amorce. On sentait bien qu'au bout de nos revers, le sentiment le plus vif de la France allait être le sentiment patriotique. Il fallait conquérir, mériter au parti clérical le vernis, le renom du patriotisme. Il le fallait pour tout l'avenir. Il le fallait surtout pour les élections prochaines.

Et en effet, aux élections prochaines, souviens-toi ! Que s'est-il passé? qu'as-tu fait? Tu voulais la paix, tu entendais voter la paix ; et qu'est-il sorti de tes suffrages ? Une assemblée monarchiste résolue à te rendre la monarchie de droit divin. Est-ce vrai que cette monarchie était votée, établie, imposée sans le refus du prince? Tu n'étais point, tu n'es pas cléricale. Est-ce vrai que contrairement à ton esprit et loin d'être faite à ton image, l'assemblée sortie de ton vote s'est trouvée passionnément et par-dessus tout cléricale? Or ici encore, réfléchis, compte, pénètre! Est-ce que cela est naturel? Est-ce qu'un peuple peut être ainsi mené là où il ne savait pas, là où il n'entendait pas aller, sans qu'il y ait des meneurs et des menés? Est-ce que tant de candidats ont pu se rencontrer, à point nommé, désignés, prêts, soutenus, élus par tant de colléges sans que les rôles aient été distribués, préparés, prônés d'avance? Pour que tant de desseins si difficiles aient été délibérés, tracés, réalisés sans toi, par toi et l'on peut dire malgré toi, à ton insu et dans le secret, n'est-il pas vrai qu'il a fallu la main d'une société secrète? Ne te sens-tu pas enlacée, couverte par une immense société secrète? Prends garde! Prends garde!

Prends garde! Si tu savais combien tu pèses peu dans ces froides balances. Quand on vit comme l'homme simple, penché sur ton sol, borné dans tes frontières, que tout l'horizon c'est toi, on ne voit pas ces choses. Dès qu'on s'élève ou s'éloigne, elles éclatent. Sache-le bien, pour la grande société, tu n'es qu'une pierre d'édifice, une province comme le dit sa langue insolente, un grain de sable, un pion sur l'échiquier. Le pion sert-il? à merveille. Gêne-t-il? a-t-il seulement cessé de servir? qu'il disparaisse. Faut-il le sacrifier pour gagner, fût-ce une mince phase de la partie? qu'on le risque. Peux-tu fournir, oh ! d'abord un sujet soumis, en second lieu un soldat solide? Peux-tu être le bras séculier international? Soit ! c'est pour toi une raison d'être. Mais dois-tu n'être qu'un pays indépendant, libéral, progressif ou, c'est tout un, « révolutionnaire ? » A quoi bon la France? Tu as connu la souveraineté du but dans les mains d'autres fanatiques. Eh ! bien, ici, la souveraineté du but est l'intérêt de l'Église devant qui tout s'efface. La France ! suivant un mot célèbre, qu'elle soit ce qu'il nous faut, sinon qu'importe la France, meure la France ! *Sit... ut volumus... aut non sit !* Prends garde! (1)

Prends garde ! Ne va pas croire que ces doctrines parricides ne naissent que dans des âmes étrangères. Ce sont tes fils mêmes que l'opinion ultramontaine te ravit. De nos jours, l'esprit est maître. C'est par

____

(1) On sait qu'à raison du caractère pernicieux de ses doctrines et de son influence, la Société de Jésus a été successivement bannie de tous les Etats qui l'avaient tolérée ou admise sur leur territoire. — Elle l'a été d'Angleterre en 1581 et 1601 ; de France en 1594 et 1762, sous Henri IV et sous Louis XV ; de Portugal en 1598 et 1759; de Russie en 1717 et 1817, sous Pierre-le-Grand et sous Alexandre 1ᵉʳ; de Chine en 1753; de Sicile et d'Espagne même, sous Charles III, en 1767. Enfin, fait encore plus probant peut-être et plus inattendu, son Ordre a été aboli par un pape même, Laurent Ganganelli, Clément XIV, en 1773. — On sait aussi que cette suppression coûta la vie au courageux pontife : il mourut empoisonné l'année d'après, 1774.

l'esprit qu'on vaut, qu'on vit, qu'on meurt. Sang de tes entrailles, ceux-là se détachent, séparés de toi par un autre sang d'idées glissées dans leurs veines. Tu les portes, tu les mets au monde ? ils ne sont pas à toi. Tu les nourris, les instruis, les élèves, les dotes, les enrichis, les soutiens, les consoles ? ils ne sont pas à toi. Parmi nous, on t'aime uniquement et par-dessus tout. C'est pour toi-même qu'on te veut forte, libre, brillante, heureuse. Pour ceux-là, point de patrie ! la patrie, c'est l'Église. Ceux-là t'aiment, oui, mais après une autre, pour autant que tu sers cette autre, dans l'amour d'une autre. Dis ! juge ! est-ce aimer, cela ? n'est-ce pas plutôt outrager, trahir ? Parmi ceux-là, il n'en est guère qui ne donnât quatre de tes provinces, qui ne te donnât tout entière pour un de ses articles de foi. Parmi ceux-là, sache-le, il n'en est pas un qui, au nom de sa conscience, ne soit tenu de donner quatre de tes provinces, de te donner tout entière pour un de ses articles de foi. Ah ! prends garde !

On te parle de l'isolement qui te menace avec le régime républicain, d'alliances multipliées qui t'attendent au retour d'un régime monarchique et que le parti clérical t'apporterait dans les plis de sa robe. Dérision et chimère ! Jette donc un coup d'œil sur l'Europe et décide ! Vois : la Russie et la Grèce sont schismatiques, la Suède et la Norwége protestantes ; l'Autriche, l'apostolique Autriche a, dès avant toi, répudié le régime des Concordats ; l'Angleterre, agacée mais sans peur, noie deux fois par an d'une main tranquille le petit tapage de quelques conversions aristocratiques dans les larges flots de sa foi nationale où se mêlent l'esprit des vieux presbytériens et la vieille haine du papisme. L'Italie, hélas ! Rome, tu le sais, t'a coûté son alliance, sa coopération armée au moment de la guerre. Cherche maintenant des yeux la gauche italienne, c'est-à-dire le parti qui, de tous, devrait être le plus sympathique pour la France républicaine. Ah ! Dieu merci ! la République à la fin la ramène ; mais jusqu'ici tu as pu la voir, chose étrange ! tendant la main à la Prusse, défiante à l'endroit de la France, ombrageuse, passionnément hostile à la France. Pourquoi ? le comprends-tu ? comprends-tu ce qu'il en coûte, rien que pour avoir un seul jour toléré, écouté l'esprit clérical ?

Quant à ta mortelle ennemie, deux mots seulement mais qui importent. Pour elle, tu le sais, tu t'es relevée trop vite et ce qu'elle souhaite à la passion ce serait de t'écraser encore avant le retour complet de tes forces. Eh ! bien, pour elle, sache bien aussi cela, la crise aiguë c'est aujourd'hui la question religieuse. De ce côté, tout obstacle lui sera intolérable, tout accord avec ses redoutables adversaires lui apparaîtra longtemps comme une complicité, tout concours comme un acte hostile, tout acte hostile en cet ordre de faits comme l'occasion la plus légitime et la plus digne d'être avidement saisie.

Or, à Dieu ne plaise que tu trouves ici le conseil de biaiser par peur devant le devoir, de t'abaisser par faiblesse, mais si quelque jour, dans un moment d'irréflexion et d'oubli, tu pouvais être tentée de prêter à nouveau l'oreille aux périlleuses habiletés du parti clérical, écoute aussi, écoute les échos qui durent encore de ton invasion : Prends garde, disent-ils, prends garde de laisser dans le camp ennemi le drapeau du progrès, la cause de l'avenir, le droit cette fois avec la force et de ne trouver près de toi, pour toi, que la déconsidération avec la défaite, l'abaissement intellectuel et le blâme de l'histoire avec le malheur !

8..

IV

L'Invasion. — La Revanche.

Les Provinces perdues.
L'Union par le Patriotisme. — Les Armes et la
Puisssance intellectuelle. — La République.
Après l'Invasion. — Puisse la France se souvenir!

Nous voici bien avant dans nos âmes. Monde
étrange, émouvant à toute époque, plus émouvant
dans ses temps de crise que ce monde intérieur où
les cercles se serrent, s'enlacent, se distendent, se
mêlent, se pénètrent, tantôt lumineux, tantôt sombres; plus variés à coup sûr, aussi peuplés, aussi
tourmentés que ceux du Dante!

A mesure que pas à pas j'y suis descendu, à mesure et à chaque pas j'ai recueilli la parole de l'invasion et marqué du doigt ses traces lisibles comme des caractères : passions, colères, espoirs, pardons, tendresses nouvelles, indignations, conseils, j'ai tout scruté avec fermeté, tout mené au grand jour avec sincérité, avec vigilance. Allons plus avant encore ! Pour en avoir fini, il faut toucher le tuf ; il faut qu'aucun repli n'échappe, que le moindre écho se répète et livre son secret.

Or, à ces dernières profondeurs, il est encore un témoin de l'invasion, le dernier. Immobile à l'écart au fond de la pensée, ombre indécise à reflets fauves à demi perdue dans ses ténèbres, dont on ne saurait dire si elle est faite de haine ou d'espoir, si elle regarde l'avenir ou le passé : c'est le ressentiment de la honte subie, le besoin sourd de laver dans la vengeance une injure imméritée et demeurée impunie. En même temps, de cent points du dehors, arrive jusqu'à ses voiles qu'il agite un murmure étouffé qui parle de revanche.

Ai-je bien entendu ? Est-ce bien cette parole que le vent apporte dans ses ondes confuses ? Qui l'a dite ? Est-ce le cri contenu d'un vœu national éclos sous les coups de nos malheurs ou un mot isolé, parti du sein de la foule sans qu'elle l'entende et le répète ? Eh ! bien, oui, je reconnais la voix quoiqu'elle porte à peine : la voix, c'est la voix de la

France. Le mot quoiqu'à demi prononcé, il est distinct, unanime. Le sentiment qui l'inspire : soif de la réparation, colère de la défaite, il est là. Je le sens frémir sous le sol en y posant le pied, comme on sent battre un cœur en mettant la main sur la poitrine.

Le sentiment existe? mais est-il vrai? sera-t-il durable? N'est-ce qu'une fumée d'un moment, qu'un peu de rouge qui monte aux joues et qui s'éteint en deux tours au grand air? Non ! la France n'est pas si légère; non! la France n'est pas si oublieuse. Loin de là, s'il est pour elle une passion vivace, est-ce que ce n'a pas été dans tous les temps celle de sa gloire militaire, l'amour-propre national, l'exaltation du point d'honneur, le chagrin vif et persévérant, violent même, de ses revers? Aujourd'hui, est-ce que le ressouvenir qu'elle porte dans son sein a rien qui s'évapore? Sans fracas, sans bravades, maître de lui, il se recueille. Il cède à de justes appréhensions patriotiques, mais il couve. Eh ! vraiment, rappelons-nous donc comme la France d'une génération pourtant toute nouvelle tressaillait encore, après trente ans, au seul nom des traités de 1815 !

Ainsi le sentiment existe et il est fort; il dure; il mérite que l'on compte avec lui. Eh ! bien, alors, quel compte est-ce que j'en veux faire ? Il s'agit pour moi de parler, d'écrire ? Écrit, parole, quel parti prendrai-je à son endroit ? Ai-je à le soutenir, à l'aviver, à le prêcher, à le défendre ? Dois-je au contraire m'employer à l'amortir, à le répudier, à le combattre ? En d'autres termes, est-il juste ou sans droit, tutélaire ou dangereux, corrupteur ou sain, utile ou funeste ?

Examinons, et d'abord sachons s'il est juste, car s'il n'avait pas pour lui la justice, rien, n'est-il pas vrai, ne le sauverait à nos yeux.

Oh ! à cet égard, nul doute que lors de la guerre de 1870, à ne consulter que les faits tangibles, la France déjà chargée des violences du premier Empire n'ait été l'agresseur, et que la Prusse provoquée n'échappe ainsi de ce chef au plus grave des reproches. Je ne doute pas davantage, avec toute l'opinion libérale, que la perpétuation de l'Empire eût coûté plus, bien plus au pays, fût-ce au point de vue des intérêts matériels, que les milliards de l'invasion ; en même temps qu'au point de vue moral, elle eût valu un abaissement à la longue irremédiable à ce pays, si vite relevé aujourd'hui sous le ressort d'institutions libres, qu'elle aurait à tout jamais empêchées de naître. Nul doute qu'ainsi la Prusse n'ait, de sa main ennemie, ouvert une voie

de salut à la France son adversaire. Il est très-vrai
enfin que nous manquerions grossièrement à la vérité, à l'équité, comme à nos alliances de l'avenir,
si nous ne placions pas à des rangs fort différents,
dans le souvenir de l'humiliation nationale, d'une
part le soldat allemand, homme du peuple, dur, violent, souvent brutal, mais point fait pour la haine
spontanée et, d'autre part, ses classes gouvernantes
dévorées à l'endroit de la France d'une inimitié sans
merci.

Mais, vraiment, est-ce que tout cela est bien solide ? Est-ce que tout cela nous désarme ?

Nous avons provoqué ? Qui, nous ? l'Empire ? Ah !
oui, l'Empire, fou d'infatuation, d'adulations, de
passions religieuses et dynastiques. Pourquoi alors,
par delà l'Empire, a-t-on frappé, brisé, déchiré la
France ? Les classes gouvernantes de l'Allemagne
ont seules décidé, seules guidé les mains, mérité la
peine ? Soit ! malgré l'adage applicable à tous qu'on
a le gouvernement qu'on mérite, nous pourrons ne
nous en prendre qu'à elles.

Elles nous ont débarrassé de l'Empire ? Est-ce
pour nous qu'elles l'ont fait ? Est-ce qu'on saura gré
désormais d'un service né de la rage envenimée de
nuire ? Est-ce qu'on amnistie l'incendiaire dont la
torche a réchauffé le foyer au lieu de brûler la mai-

son, le meurtrier dont la balle s'égare sur son complice en cherchant la victime? Certes, la rencontre était telle qu'elle devait faciliter l'oubli, amener le pardon. Mais au moins ne fallait-il pas que l'oubli fût mérité, que le pardon fût possible?

Or, qu'a-t-on fait de nous, qu'a-t-on fait de la France? La France! ne l'a-t-on pas abreuvée d'avanies? La France! n'a-t-on pas, par un raffinement prémédité d'insolence, choisi l'un de ses palais pour proclamer cet Empire allemand né de sa défaite, élevé pour son humiliation et l'effacement de sa puissance? N'a-t-on pas vu, au cours de la guerre, des princes allemands faire venir du fond de leur Allemagne leurs femmes alors enceintes pour que la naissance de leur fils prît à tout jamais la marque haineuse de l'invasion et fût datée de quelque place conquise sur le sol de l'ennemi héréditaire? La France! n'a-t-on pas refusé à ses populations jusqu'au droit même de se défendre; ne l'a-t-on pas frappée encore quand elle était vaincue, frappée encore quand elle était par terre? Et lequel de nous donc n'a pas personnellement son souvenir d'humiliation et d'injure?

Enfin, allons au plus profond de notre cœur, pour défendre la justice de ces ressentiments, il est une raison suprême. Ah! oui, si l'Allemagne attaquée,

heureuse, victorieuse après l'attaque, se fût bornée
à infliger à sa rivale fût-ce une écrasante rançon,
oui ! la France eût oublié, oui ! elle se fût écriée la
première qu'on a le gouvernement qu'on mérite,
oui ! elle eût adhéré à l'expiation onéreuse après la
répression sanglante. Mais quand au-delà de la frontière où les sentiers communs n'ont pas eu le temps
de s'effacer, gisent, à deux pas, des provinces françaises violemment arrachées de la patrie, est-ce qu'il
est possible, est-ce qu'il est permis de se détourner
de leur main furtive, de leur cri de détresse plus
étouffé, mais qui ne cesse pas? (1)

Non ! ici, la Prusse a été coupable. Tout coupable
doit porter sa peine. Elle a crié à toute l'Europe,
étonnée de son cynisme que la force primait le droit;
il faut que du fond de l'inexpugnable avenir, le droit
réponde à tout jamais, encore et toujours, qu'il ne
reconnaît pas la force. Elle sait, elle proclame qu'on
ne l'aime pas, qu'on ne la veut pas, mais qu'il ne lui
chaut pourvu qu'on lui appartienne. Foulant tout
aux pieds d'un cœur léger : sympathies, attachements, traditions séculaires, liberté; étouffant ce
libre choix des âmes sous des faits matériels de possession, de lieu de naissance, de terroir, de domicile,

-----

(1) C'est Schiller qui a écrit: « On arracherait plutôt une étoile
au firmament qu'un village à ce pays de France. »

elle suscite contre des populations résolues, dans un temps de libre suffrage, un régime abhorré de contrainte, une sorte de glèbe internationale. Eh ! bien, puisqu'elle ne reconnaît que des fautes, il faut qu'elle sache que des crimes sont aussi des fautes, et que pour l'infirmité lointaine ou prochaine de sa politique, chaque fois qu'un de ses ennemis lèvera la main, par sa faute elle en pourra trouver deux devant elle.

Quant à la France, non, elle n'a pas le droit d'oublier. Malheur au peuple qui ne saurait pas se dire qu'on peut bien, si on le juge opportun ou digne, jeter au vent le souvenir de ses épreuves et de ses propres injures, mais qu'on n'a point à pardonner les malheurs des autres ; que revenir au foyer en laissant sa mère, son frère ou sa sœur aux mains de l'ennemi pour vivre tranquille n'est pas le moyen de vivre tranquille ; que l'oubli est abandon, l'abandon lâcheté, la lâcheté remords et honte ; qu'en somme, tant que les prisonniers ne sont pas rendus, la guerre n'est pas finie ! Dans ces termes, la pensée patiente d'une réparation n'est plus le besoin tout personnel de se venger : c'est l'accomplissement d'une délivrance. Dans ces termes, le ressouvenir de l'invasion n'est pas seulement légitime, il n'est rien moins qu'un devoir de solidarité et de dévouement, de protection et de dignité.

Mais juste, avoué par le droit comme par l'honneur, le ressentiment de l'invasion le sera-t-il aussi par l'intérêt de la France? Ne serait-ce pas par hasard et faudrait-il dire par malheur, un ferment redoutable jeté dans les veines d'un peuple? Plus que jamais la première richesse d'un pays tient aujourd'hui à la valeur des âmes qui l'habitent. Or, ces âmes, n'est-ce pas les abaisser, les aigrir et en les aigrissant les corrompre sans remède peut-être que de les vouer, pour des années, à la sombre atmosphère de rancunes contenues, attendant fiévreusement le moment dans une dissimulation éternelle? Particulièrement quand il s'agit de la France, bonne, généreuse, aimable, ouverte et franche ne risquerait-on pas là de porter une atteinte funeste au caractère national, part importante de son bonheur, de son ressort merveilleux et même de son influence dans le monde? S'il est vrai qu'on ne dépouille pas à loisir et que l'on ne cantonne pas non plus à son gré les habitudes des passions violentes, ne pourrait-il pas advenir que cette dureté d'allures, cette humeur âpre et farouche ne se portassent dans les relations entre citoyens, au grand détriment de la quiétude de la vie privée et de la paix publique?

Eh! bien, non. Je n'en crois rien et j'estime au contraire, pour ma part, qu'à ce point de vue, celui de notre intérêt politique et de notre état social, sous la condition éternelle de se garder de l'impatience et de l'excès, les souvenirs de l'invasion encore une fois utiles peuvent ici nous assurer des biens du plus grand prix.

Quels sont en effet ceux des biens sociaux dont je ne dirai pas l'absence, oh! non, le mot serait injuste, mais dont l'insuffisance nous est le plus sensible et suscite le regret le plus universel ? J'en vois, pour ma part, deux principaux à ce qu'il me semble : l'union et le dévouement dans le patriotisme. Or, sur la voie que j'indique du juste ressouvenir de l'invasion, est-ce que nous n'apercevons pas tout aussitôt, pour la conquête de ces biens, deux adjuvants de premier ordre quant à la puissance ?

Tout dans ce monde vit en partie d'opposition. Faits physiques ou faits moraux, chaleur et froid, grandeur et petitesse, vitesse ou lenteur sont choses qui n'existent que l'une par rapport à l'autre. La santé, avantage fort effectif et qui est d'ordre physiologique, ne s'apprécie vivement que par la maladie. Dans le monde moral, on sait le pouvoir des contrastes. Cherchez-vous les arts? La musique, la peinture ont pour tous moyens d'action des gradations mesurées de lumière et d'ombre, de bruits et de silences. Ainsi des sentiments sociaux et même des institutions sociales. Partout, l'antagonisme a été la source des progrès, l'intolérance la force des conceptions religieuses, les minorités la leçon, l'exemple et le ressort des majorités. Qu'eussent été les premiers chrétiens sans les gentils ? L'opposition est l'âme de la constitution anglaise. Dans tous les temps, législateurs, théologiens, hommes d'État, toute cette race d'ailleurs si dédaigneuse qui se classe sous le nom de « pasteurs des peuples » l'a compris à merveille. Entre cent faits antiques, le paria n'est-il pas dans l'Inde la dernière main mise à l'orgueil des Castes ? Entre cent faits modernes, l'absurde et odieux préjugé contre les enfants naturels n'est-il pas une nécessité d'utilité publique pour le relief de l'enfant légal ?

Eh ! bien, ainsi en est-il pareillement du patriotisme, de l'union et du dévouement dans le patriotisme. La philosophie nous dit ces choses à sa manière dans son bizarre et pédantesque langage, quand elle nous raconte que « le moi » se connaît par le « non moi ». De fait, toute affection est exclusive et ne vaut qu'à la condition d'être exclusive, car aimer est forcément ne pas aimer autre chose que ce qu'on aime. De fait, l'amour vif de la patrie n'éclate — et le contraire implique — qu'au contact de ce qui n'est pas elle, plus souvent encore dans la lutte contre ce qui n'est pas elle. Toujours, chez tous les peuples, depuis les Juifs anciens jusqu'aux Espagnols de l'histoire contemporaine, l'exaltation du sentiment patriotique s'est proportionnée au mépris de l'étranger, à la haine étrangère. Voulons-nous donc réchauffer sur notre sol l'amour de la patrie, avec ses grandeurs et ses forces ? Sans aller jusqu'au mépris qui n'est pas justifié, sans aller jusqu'à la haine dont nous n'avons que faire, gardons, ah ! gardons sous nos yeux, couvons soigneusement dans nos cœurs le souvenir de nos épreuves et le souci de les effacer !

Oui ! pensons à l'invasion ! Pour prendre un moment si l'on veut le mot populaire pensons à « la revanche » et, bienfait incomparable, tout nous paraîtra, tout nous sera en effet facile. Comme Jacob qui servit Laban quatorze ans sans se lasser ni se plaindre pour gagner Rachel, nous aussi nous aurons au fond de l'âme la pensée d'une Rachel patriotique qui nous donnera joie et réconfort, dans les difficultés journalières de la vie d'un peuple à qui le Destin ne permet pas de n'avoir pas d'histoire. Quelle force en effet que ce souvenir ! Quelle ressource que cette attente du jour réparateur ! Quelle réplique à tous les embarras, à tous les découragements, à tous les mécontentements que le présent prodigue, que l'avenir recèle !

L'impôt est lourd ? Eh ! dirons-nous, vous rappelez-vous la rançon soldée pour l'invasion et les fautes de l'Empire ? Cinq milliards doublés par les intérêts et les ruines. — Avez-vous compté ? — L'impôt est lourd ? Vraiment ? mais oubliez-vous qu'avec l'acquit du passé il est la défense à venir ? Sans défense, savez-vous quelle serait la nouvelle rançon d'une invasion nouvelle ? N'est-ce pas là que la France, abattue comme un cheval tombé sur les genoux, s'affaisserait écrasée sans pouvoir plus se relever jamais ?

L'impôt n'est pas seulement lourd, il est excessif ? Excessif ? Parcourez derrière nous la plaine, les usines, le monde entier, le monde remuant du travail agricole et industriel. N'est-il pas vrai que tout regorge ? C'est cent milliards de capital, dix-huit à vingt milliards de revenu annuel. Or, tout cela est à protéger sans compter l'honneur. Excessif ? grand Dieu, et on lésinera sur les draps de l'armée, sur les tentes, les souliers de l'armée, sur les rassemblements, les manœuvres, l'instruction des réserves de l'armée ? Et nous n'aurons que la moitié de nos chevaux, la moitié de nos forteresses ? Eh ! quoi ! est-ce vrai ? — Oh ! alors ! s'écriera le pays : hommes d'État, ministres, législateurs, pressez vite, plus vite encore ! Entre l'invasion et « la revanche » la sécurité est l'étape urgente et criante, la sécurité est la moitié du chemin. Pas un jour de repos, entendez-vous, pas un jour jusqu'à la moitié du chemin !

Une autre fois, c'est le service militaire. Quel fardeau ! quel sacrifice ! quelle emprise accablante sur la vie, la jeune vie ! Mais savez-vous une lugubre histoire : cent ans et plus se sont écoulés depuis le démembrement de la Pologne ; elle a mis plus de cent ans à mourir. Elle n'est pas morte. Écoutez, elle agonise encore. — Quoi ! la France, la France un sort pareil, criera la jeunesse entière ; ah ! prenez les cinq ans de la jeune vie ! prenez dix ans de notre vie !

La grande capitale est immonde, or et boue ? Ah ! que cela est vrai encore ! Eh ! bien oui, mais sur la boue et l'or monte et plane le souvenir de l'invasion, couvrant tout de son aile immense. Devant lui tout se tait, s'efface. Il est la mesure et le juge. Or, voyez : entre ces forts distants aujourd'hui de vingt kilomètres de l'enceinte, gît maintenant le camp retranché de l'honneur national, le cœur désormais inaccessible de la France. Or, ici, entre ces murs, voici la population qui de toute l'Europe connaît le mieux le mépris de la mort. Ici, il y a sept ans, cent mille femmes faisaient queue tous les jours les pieds dans la neige et la boue glacée, attendant la maigre pitance et le pain noir mêlé de paille, pensant au pays, à l'honneur, à la défense, sans un cri, sans un murmure. Ici, ici même, dans ce coin plein de paix et de soleil aujourd'hui, on a dit un matin à la jeune femme qu'il n'y avait plus de lait. Plus de lait ! Il faut alors que l'enfant meure ? ah ! il faut qu'il meure pour le siége ? Et elle a pleuré, beaucoup pleuré, mais elle n'a pas parlé de se rendre. C'est par milliers, le savez-vous, qu'il faut compter celles qui ont pleuré comme elle. Encore une fois n'est-il pas vrai que devant le patriotique souvenir tout se tait, tout s'efface ; qu'il est la mesure et le juge ? Tendrez-vous la main ? Ceux-là les accceptez-vous ? Qu'en dites-vous, sont-ils de la famille ?

Nos dissentiments nous dévorent ? Ah ! la France serait en effet trop grande et trop heureuse si, avec tous ses biens, elle possédait encore l'union. Mais quoi ! n'avez-vous pas vu vingt fois des hommes séparés par l'âge, les penchants, l'éducation, les habitudes, les caractères, unis et serrés dans leur union sous l'empire d'un mobile commun ? On diffère, on rivalise, on dispute, on combat en matière d'art, de vanités, de littérature, d'intérêts, de relations, de préjugés, de roture ou de noblesse, mais comme on se pardonne, comme on se serre la main, comme on revient toujours, comme des torts qu'on ne supporterait pas de tous autres s'atténuent, s'effacent quand on est ensemble et côte à côte conservateur ou libéral, monarchiste ou partisan des institutions républicaines !

D'autre part, qui n'a connu cette émotion vive que cause la rencontre isolée d'un Français loin du pays, sur un sol étranger ? C'est un inconnu ; on ne l'avait jamais vu ; on ne le reverra jamais plus peut-être. Pourtant, comme on est vite rapproché ! Comme on s'entend sans effort ! Comme on se quitte avec peine !

Et pourquoi ? Pourquoi ? Parce que cet homme ignoré est pour nous l'image de la patrie absente ; parce que sur la terre étrangère il évoque la chère pensée du sol national ; parce que au milieu des bruits répulsifs d'une langue inconnue, indifférente, inaccoutumée, il fait entendre la langue de l'enfance, de la mère, des sœurs, « la langue mater-nelle » comme elle s'appelle elle-même ; parce que cet homme, tout inconnu qu'il soit, est nôtre, qu'il est un « compatriote. » Compatriote ! qu'est-ce à dire ? Un fils de la même patrie, épris du même amour pour la même patrie, parce que d'un coup il a fait vibrer en nous-mêmes ces mille liens endor-mis autrefois par l'habitude, la possession et dont on ne devinait pas la puissance.

Eh ! bien, pour nous tous, l'invasion a été ensemble tout cela, l'invasion doit nous donner tout cela. D'un effort, avec la violence en plus et l'offense, comme l'éloignement, comme l'exil, pendant toute une année, elle a en quelque façon soulevé et maintenu sous nos pas la terre étrangère ; elle a jeté jusqu'à notre foyer les flots de la langue étrangère. Comme l'éloignement, comme l'exil, avec la violence en plus et l'offense, elle a soumis nos âmes au révulsif salutaire du contact de l'étranger. A son souvenir, maintenant, de rendre ce sentiment éternel ! A lui de fondre à son tour dans le torrent supérieur du patriotisme les divergences des opinions politiques, comme en présence des liens politiques s'effacent les dissentiments secondaires ! A lui de ne pas permettre à un jour, à une heure de ce peuple, l'oubli du contact menaçant, toujours présent, toujours sensible ! A lui d'évoquer à toute heure l'image non plus seulement de la patrie absente, mais chose bien autrement touchante et douloureuse, de la patrie meurtrie, accablée, déchirée, vaincue et plus aimée parce qu'on la voit déchirée et vaincue ! A lui de nous assurer enfin l'union non pas seulement sûre, sincère mais étroite, fervente ; de nous accoutumer à chercher avec une affection vive dans tout enfant de la terre natale un coreligionnaire, compagnon de gloire et de malheur, associé d'intérêts, de chagrins et de joies, de drapeau, de charges, d'impôts, de prospérité, de ruine, avec nous et pour nous toujours soldat, défenseur, vengeur !

Ah ! vous avez raison, tout est difficile. Oui ! il est difficile de ne pas oublier, difficile de ne pas se laisser distraire, difficile de porter toujours le souvenir d'une défaite et le vœu de la réparation, difficile d'aider à son pays, de le relever, de l'instruire, d'y provoquer le progrès, d'y éveiller, d'y redresser, d'y entraîner l'opinion publique. Ah ! plût à Dieu qu'on ne rencontrât que la ruine ou l'ingratitude ; qu'on ne succombât que sous la calomnie ! Mais non ; rien ne vaut. Tout sacrifice est vain, pis que vain : dérisoire. Rien n'aboutit ; tout décourage. Il faut l'épuisement d'un soleil pour réchauffer l'un des versants d'une motte de terre, dix ans de dépense de vie pour servir un quart d'heure, quarante ans d'efforts pour réaliser la moitié d'une réforme. Le froid déborde. L'inertie l'emporte. Le peuple croit à ceux qui le trompent, acclame ceux qui le dévorent, tandis que le bien, la vérité trouvent d'abord dans ceux qu'ils servent leurs plus rudes incrédules et leurs pires ennemis.

Soit ! Admettons que tout cela est vrai. Mais quand vous sentirez ce doute vous gagner, la fatigue vous prendre, ce désespoir vous envahir, allez revoir, près d'ici, le soldat qui fait sentinelle et rappelez-vous, il y a sept ans, qui occupait sa place. Allez voir le régiment qui passe ; ou quelque jour visitez les hauteurs de Belfort. Là, debout à cent pas du drapeau français déployé, jetez vos regards en avant ; faites que votre esprit plonge dans ces cent kilomètres de terrain qui se déroulent : c'est Mulhouse, c'est Colmar, Strasbourg, c'est Metz. Voyez-vous l'autre drapeau qui flotte, les chemins ensanglantés, les champs des défaites, l'exode fidèle ? Là il reste, encore épandues sur cette terre changée de maîtres quinze cent mille âmes françaises pour lesquelles, l'âpreté du vainqueur a fait de la maison un lieu d'exil et qui le cœur serré, les lèvres pâles, les regards fixés vers l'occident encore dans l'ombre, aspirent après la patrie perdue.

Vous sentez-vous à présent du courage ? Est-il permis, croyez-vous jamais possible de regretter ses charges et, fussent-ils à demi-perdus, de ménager ses jours, sa peine ? Non, non ! rien de fécond, rien de fort comme ce ressouvenir de l'offense, comme ce besoin de réparation et de rédemption. Certes, la France est riche, riche de ressources de toute sorte et habile à les faire produire. Je ne lui vois pas pour ma part de capital plus précieux que celui-là, ni dont elle puisse tirer davantage. Pour ma part, j'estime que si elle sait et veut, en bonne volonté, en travail, en union, en patriotisme, en patience, en persévérance, ce poignant héritage de l'invasion lui vaudra par delà les milliards de sa rançon.

Ainsi donc, juste et utile est le ressentiment, juste et utile le désir de « la revanche. » C'est dire que j'entends les servir. Mais comment? par quels moyens? sous quelle forme?

Est-ce par les armes que j'en souhaite le succès? Pour les assouvir, non, je me trompe, pour leur faire justice irai-je jusqu'à souscrire aux terribles éventualités du sort des batailles? Des batailles? Pourquoi pas? Il y a quelques années, une perspective pareille n'eût trouvé en moi que révolte. Aujourd'hui, quand je songe, quand je me souviens, je me dis que l'injure qui pour se venger n'ose aller jusqu'à la mort de l'offenseur ne vaut pas qu'on la venge, et que la rancune qui ne met pas sa vie dans l'enjeu est une pauvre rancune. Je me dis que depuis que nous avons vu couler notre sang, nous ne saurions plus guère être épouvantés de voir couler celui des autres.

Mais qui sait ce que l'avenir recèle? Peut-être les forces réorganisées de la France n'auront-elles qu'à se montrer ou à se promettre un jour pour que le démembrement douloureux s'efface, pour que les provinces victimes rentrent consolées dans le sein de la patrie. Quel que soit l'avenir, ne l'oublions pas, il faut qu'il recèle leur délivrance et il nous appartient de l'obliger à la tirer de ses flancs. Comme le royaume des cieux, lui aussi est aux violents et il veut qu'on le force. A nous d'être prêts, résolus, patients : le devoir est là et, soyons en sûrs, en attendant l'année de la bonne nouvelle, les grands biens qui accompagnent toujours l'accomplissement du devoir nous seront donnés par surcroît. Rien n'élève et ne grandit l'âme des hommes ou des peuples comme d'aimer quelque chose assez pour lui donner sa vie. Rien ne l'épure comme de reconnaître qu'il est des choses qu'il faut priser plus que la vie et, puisque les craintes de ce monde se résument pour nous en définitive dans celle de la mort, rien ne nous assérène et ne nous fortifie comme de ne plus connaître de crainte parce qu'une pensée habituelle nous a préparés de longue main au risque de la vie.

Et toutefois, si dans notre tâche il importe de ne pas oublier parmi nos ressources le recours aux armes, la France, Dieu merci ! a d'autres voies pour sa revanche.

Homme et citoyen, j'ai dû marquer la première parce qu'il est de dignité de lui faire sa place, de témoigner que loin d'être écartée à cause de ses charges et de ses dangers, elle est virilement acceptée d'avance. Je lui donne la première place parce que rapide, violente, affectant d'ailleurs le caractère de ces rudes peines du talion qui plaisent à l'imagination populaire, elle est plus saisissable et plus saisissante, plus souhaitée, souvent seule souhaitée, parce qu'elle satisfait plus vivement la passion légitime des peuples et semble aussi mieux atteindre le but de réparation et réaliser de plus près la justice.

Économiste et publiciste, c'est aux autres moyens d'agir que je dois particulièrement mon concours. Plus conformes à mes penchants, à la connaissance du monde et de l'histoire, à ma raison, ce sont aussi ceux-là pour lesquels je puis davantage, parce que je leur apporte pour ma part, sous plus d'une forme je l'espère, les forces mêmes qui les font prévaloir. J'ajoute que malgré l'apparence, ils sont loin de le céder en puissance à nuls autres. Si leurs effets éclatent avec moins de fracas à la superficie, ils sont plus sûrs et atteignent les parties profondes.

Avec eux, on ne détruit pas une armée dans les six heures d'une bataille, non ; mais on s'attaque à l'esprit même de tout un peuple de trente millions d'hommes, à ses idées, à ses passions. On transforme, bien mieux encore on l'entraîne, instrument docile, à transformer de ses propres mains ardemment obéissantes son état social. Avec le recours aux armes, la victoire aveugle couche pêle-mêle dans le sang les criminels et d'inoffensives victimes, et coûte presque autant à l'offensé vainqueur qu'à l'offenseur vaincu. Ici, au contraire, point par dessus tout capital ! par une sorte de travail mystérieux, les coups intelligents ne frappent que le peuple offenseur et dans son sein même que les coupables. Tant il est vrai que les moyens purement matériels sont presque toujours gauches et sans portée et que l'esprit seul est vraiment puissant !

Or, quels sont ces autres moyens et pour nous de quoi s'agit-il ?

De quoi il s'agit ? Oh ! d'abord d'être heureux et forts.

Heureux et forts ! assurément, va-t-on dire, le conseil n'a rien d'amer, la perspective rien qui puisse déplaire. Mais quoi ! est-ce donc là une revanche ? Oui ! et la meilleure et la plus topique de toutes. L'Allemagne nous hait d'une haine profonde. Elle nous voudrait voir aux abîmes. Notre abaissement est son espoir, notre ruine son but, la pensée de notre détresse sa jouissance et la meilleure de ses fêtes, nos succès, nos joies son désespoir. Abattus, amoindris, divisés. perdus, dépouillés, elle nous jalouse encore. Sa haine est celle de l'envie. Or, quel

est le supplice, quel est le châtiment de l'envieux ?
En connaissez-vous un qui lui soit plus poignant, qui
soit en même temps plus sûr, plus juste que la prospérité de celui qu'il envie ? Eh ! bien donc, comme
Sylla multipliant avec ses victoires les mortifications
de Marius, désespérons l'Allemagne de l'éclat de
notre prospérité, accablons l'Allemagne du spectacle
de notre fortune !

Dans cette voie, comme tout nous aide ! Voyez :
notre climat est l'un des plus beaux de l'Europe. S'il
pouvait se vendre, le soleil de France ne vaudrait-il
pas des milliards ? Notre sol est approprié comme
bien peu d'autres aux cultures dont la possession est
le plus nécessaire, la vente le plus productive. Re-
gardons-nous à nos institutions politiques ? Avec
celles des Etats-Unis, elles comptent parmi les plus
avancées de l'univers. Notre état social est, sachons
le bien, l'un des plus justes et des plus honorables
en dépit de ses taches, et notre race, malgré la grossière insuffisance de ses lumières, l'une des plus
douces, des plus policées, l'une des mieux faites
pour apprendre quand de honteuses peurs n'empê-
cheront plus de l'instruire.

Or, aiguisons nos rancunes ! appliquons-nous à
tirer encore un plus profitable parti de nos richesses !
Evertuons-nous à mettre sous les yeux de l'Alle-

magne, rongeant son frein au bruit discret des applaudissements de l'Europe, une population heureuse à côté d'elle, malgré elle, vingt fois plus qu'elle ; heureuse de son bien être, de son économie, de ses bonnes mœurs, de ses habitudes de travail ; heureuse du sentiment de sa renaissance au sortir des mains de l'ennemi ; heureuse de trouver à son âtre ces dieux lares tout bons et tout puissants qui s'appellent, avec les bonnes lois et le respect de la loi, la paix publique, la dignité des hommes, la liberté politique ; heureuse de s'unir tout à fait par ressentiment après s'être unie à demi par patriotisme ; heureuse à outrance pour punir, heureuse enfin de savourer cette revanche originale et piquante qui s'assure en ajoutant le simple étalage de son bonheur au sentiment avivé de son bonheur et rehausse la vie douce, honorable et facile par l'âpre saveur de la vengeance satisfaite !

Et toutefois, gardons-nous de nous borner à être heureux. Il faut, disons-nous, être heureux et forts : soyons forts ! soyons forts : l'Allemagne n'estime que la force. « Par pari refertur. » Nous ne la paierions pas si nous ne la payions en sa monnaie. Point d'ailleurs, cela est clair, point de châtiment pour elle par les tourments de l'envie si nous ne la tourmentons par ce qu'elle envie.

Soyons forts : Le bonheur qui n'est que le bonheur est lâche ; il endort, amollit, abaisse. Pour des gens menacés, rien ne vaut que ce qui combat. Faisons que tout ce qui nous sert nous serve pour combattre ! Climat, sol, outillage social, population, richesse, économie, liberté, loi, respect de la loi, oui certes ce sont là des biens précieux, mais il faut encore que le climat soit en même temps un budget de guerre, le sol un grenier de guerre, les chemins de fer, les machines, producteurs sans rivaux, des engins de guerre. Il faut que la loi soit un support civique, le respect de la loi une vertu, une discipline, la richesse une arme, la population une armée, la liberté politique un ressort, une force en vue de la guerre. Démosthènes, cette âme adorable de citoyen, ne prêchait-il pas déjà que pour résister à Philippe il y avait un moyen suprême, à savoir que tous les hommes fussent libres ?

Soyons forts ! C'est déjà quelque chose que cette rencontre singulière de la prospérité d'un peuple transformée en instrument de revanche, et de sa vie calme, retirée, paisible s'employant du fond de son silence, avec une âpre satisfaction en même temps qu'avec un sourire, à châtier une nation ennemie. Voulons-nous étonner le monde par une nouveauté plus singulière encore ? Montrons-lui sur notre sol

rajeuni un peuple qui, en donnant pour une part
à l'accroissement de sa fortune privée et publique
le but sacré de la défense nationale, et cela non pas
uu jour mais tous les jours, saura épurer le calcul,
ennoblir les convoitises, justifier les âpretés, faire
du souci de la richesse une vertu civique, de la soif
d'accumuler une prévoyance de patriote et, son but
toujours sous les yeux, cherchera dans ses ressources
non la jouissance mais le pouvoir, mais la force, non
pas Capoue ni même Olympie ou Athènes, mais les
Thermopyles ou Numance, Saragosse ou Granson !

Soyons forts ! Et, parmi nos forces, n'allons pas
oublier de mettre au premier rang la plus grande,
celle qui doit le mieux nous servir : j'entends celle
de la découverte et de la propagande des idées, la
puissance intellectuelle. Il en est en effet des peuples
comme des astres, c'est à leur force de rayonnement
que leur pouvoir se mesure. Nulle part, en aucun
temps, ce ne saurait être une mince influence pour
une population que de savoir jeter au loin parmi les
peuples et de leur faire partager ses façons de voir et
de sentir. N'a-t-on pas dit de tous les travaux des
hommes et jusque de leurs produits matériels qu'ils
n'étaient que des idées réalisées ? A quel point
n'est-ce pas d'une vérité encore plus éclatante lorsqu'il s'agit des institutions sociales et politiques,

nées de l'esprit seul et des facultés les plus relevées de l'esprit ?

Quand, le premier, un peuple fournit aux autres ces sortes de types sur lesquels les sociétés se modèlent et s'organisent ; quand il a comme la mission spéciale de leur apporter par intervalles, plus qu'un autre, plus souvent que tout autre, sa bonne nouvelle de bien-être, de lumière, de droit, de liberté ; quand il est phare et signal, prédicateur et prophète, ce peuple a pour lui l'appui le plus solide : celui de la possession des imaginations, des sympathies. Lui aussi peut dire aux autres et jusqu'à ses adversaires : « Mes prétoriens ils sont dans vos cœurs ! » quoi que les événements apportent, quoi que vos gouvernants puissent vous dire pour me saper dans vos âmes par calcul ou par peur, non ! vous ne me méconnaîtrez pas, vous ne m'oublierez pas ; non, je vous en défie, vous ne réussirez pas à me haïr.

Cette gloire et cette influence, elles ont été long-temps celles de la France. L'éclipse de l'Empire est passée : rendons-les lui ; il faut les reconquérir pour elle. Redresser ce qui est, imaginer ce qui doit être, améliorer la réalité, puiser dans l'idéal, telle est la double tâche. Elle n'est pas près de finir. Combien d'opprimés encore, de sacrifiés, de dédaignés, de déshérités ! Combien d'atteintes au droit, à l'humanité, à la justice ! Combien de négligences, de fautes, de crimes même ! Ce n'est pas demain que le champ sera purgé de l'ivraie d'iniquité, pas demain qu'il verra paraître les ouvriers de la dernière heure. D'autre part, quelle mine que celle du progrès ! quels filons imprévus, renaissants, inépuisables ! et quels pics de mineurs, quelles lampes pénétrantes, quelles hardiesses, quelles chances heureuses, quels efforts que ceux de la volonté, de l'amour du juste, de la miséricorde ! Prêtons à toutes ces tâches le concours toujours puissant, toujours admiré, si souvent irrésistible de la raison française, de la clarté française, au besoin de la furie française !

Et, remarquons-le bien, c'est précisément dans cet ordre de faits qu'éclate cette merveille dont nous avons parlé d'une action vengeresse, habile, seule habile à ne frapper que le peuple agresseur et, dans le sein même de ce peuple, à n'atteindre que les coupables. Que disions-nous ? Que le gros de la nation allemande est de nature sans fiel ; que ce n'est pas lui qui a conçu sa haine contre nous. Cette haine elle est née dans l'âme de son aristocratie, de ses nobles et c'est cette aristocratie qui la lui a soufflée en l'attisant depuis soixante ans. Voilà nos véritables ennemis. Voilà ceux qui ont souhaité, préparé, dirigé, déchaîné l'invasion ; voilà les agresseurs, les responsables ; voilà ceux qui voudraient encore aujourd'hui et qui voudraient avec passion, à outrance, la guerre française, la ruine, l'abaissement définitif de la France (1).

Or, quelle est dans leur pays la situation respective de ces deux parties de la population ? D'un côté, la suprématie, le privilége, la domination, l'orgueil, la possession des grades, la prépotence militaire ; de l'autre l'infériorité civile, le dédain subi et accepté malgré une très-grande valeur personnelle. La Prusse, avons-nous dit, est restée féodale. Son organisation politique a marché. Son organisation sociale tient encore de celle de la France avant 1789.

Eh ! bien la juste revanche, la revanche par la justice, l'exacte dispensatrice des sévérités, des châtiments, des pardons, des appuis même, suivant les mérites et à leur mesure, elle est là. Attardée par le hasard des événements, l'Allemagne, l'intelligente Allemagne a pourtant besoin du secours de la prédication et de l'exemple. Redisons donc pour elle, après les avoir encore redits pour nous-mêmes, ces

____

(1) C'est cette aristocratie qui impose au peuple allemand les charges militaires sous lesquelles il plie. — Faut-il rappeler à ce propos le mot d'une netteté extraordinaire écrit par Mirabeau dès 1788 : « La guerre est l'industrie nationale de la Prusse. »

lieux communs venus de Rousseau, de Beaumarchais, de Diderot, de d'Alembert, de Voltaire et qui
n'ont pas encore réussi à devenir des réalités communes que « les mortels sont égaux » : que c'est un
mince droit que de « s'être donné la peine de naître ».
Disons-lui que les soufflets disciplinaires que des
mains aristocratiques infligent exclusivement par
privilége aux fils de sa bourgeoisie ou de la plèbe,
perdus dans le rang ou les bas grades de l'armée,
laissent sur la joue du citoyen certaines traces fort
indélébiles dont l'étranger qui les distingue ultérieu-
rement s'étonne à bon droit ; que les châtiments cor-
porels ne font pas bonne figure au chapitre des
droits civiques ; disons-lui enfin que proclamer,
comme encore il y a quelques années, la nullité du
mariage d'un noble avec une fille non noble était une
assez rude insolence.

L'Allemagne n'a pas eu son 1789. Qu'elle l'ait.
Aidons-la à le faire. Qu'armée de cette nébuleuse
puissance d'analyse qui est l'un des paradoxes de
son esprit, elle s'aperçoive bientôt avec étonnement
des retards de son régime social. Qu'elle sente
quelque jour autrement que nous, mais avec nous et
par nous, à quel point l'institution contingente de
l'hérédité monarchique est anti-scientifique, à la
fois désavouée par les principes de la raison et du

droit comme par les lois de l'anthropogénie ou les accidents des mœurs. Prêtons-lui la main par nos idées, notre renom, nos progrès, notre histoire pour qu'elle se débarrasse de ses langes. Chez elle, la raison est hardie, intraitable, parfois terrible. Dans son sein, on voit serpenter les premiers feux de l'esprit des légitimes révoltes. Laissons souffler de ce côté le vent de France. Laissons, laissons! Saturé désormais de dédain pour les chimères, d'horreur pour les attentats, les violences, les guerres civiles, mais en même temps chargé de clairvoyance et de vive passion pour les droits véritables; fort, impatient quand il s'agit de leur cause, rapide, irrésistible, il n'est pas d'âme honnête qui ne l'avoue, pas d'esprit sensé qui ne l'applaudisse, pas de peuple embarrassé, entravé, souffrant qui ne l'appelle, ne l'acclame et après l'avoir appelé n'ait à le bénir de son secours.

Et n'est-il pas vrai que le jour où l'Allemagne aura établi chez elle l'égalité civile, affranchi sa bourgeoisie, élevé son peuple pour nous inoffensifs et bientôt sympathiques, abaissé de ses mains, réduit, frappé, abattu s'il le faut l'aristocratie féodale qui la blesse et qui nous a insultés et frappés; du jour où elle aura ravi à ceux qui nous ont écrasés et qui l'écrasent, la domination, le droit d'insolence, le pouvoir, l'orgueil, la loi partiale, le privilége, ce jour-là nous aurons touché le but le plus véritablement extraordinaire que jamais rancune de peuple ait tenu vingt ans sous ses yeux? N'est-il pas vrai que ce jour-là nous aurons accompli une revanche comme jamais ressentiment d'homme ou de peuple n'en put rêver de plus haute ; revanche certaine, sans reproche, atteignant droit ses adversaires dans leurs intérêts les plus chers comme dans leurs passions les plus vives ; respectueuse à son tour des os du dernier grenadier français comme du dernier grenadier poméranien ; sans autres armes que la loi, le scrutin, le livre, la parole, la presse, l'école, c'est-à-dire l'esprit, les idées, la justice ; toute pour le profit du progrès des temps, de l'affranchissement des peuples, de l'état social réformé dans le pays de la religion réformée ; balayant durement l'ennemi de la face du monde et nous préparant à sa place une nation alliée, alliée de par toutes les forces qui fondent la solidité et la durée des alliances : identité d'état social, souvenirs historiques, services rendus, amour des mêmes institutions, foi aux mêmes principes, religion des haines communes ?

Et, à ce propos, comment ne pas faire place ici à une réflexion qui sort irrésistiblement du fond des choses, claire, imposante, éclatante, sensible à l'homme simple comme au penseur et au politique ? Est-ce que la forme de notre gouvernement est indifférente pour la poursuite d'une pareille tâche ? Je ne parle pas de la royauté qui chez nous est morte, bien morte, et ne compte plus en réalité dans l'esprit de nos populations ; mais l'Empire qu'une minorité incessamment décroissante songeait jusqu'ici à ressusciter pour quelques jours, régime grossier, tout fondé sur l'emploi de la contrainte et l'appui de la force matérielle ; est-ce que l'Empire serait jamais l'instrument utile dans cette entreprise toute d'influence morale et intellectuelle ?

Non ! la République, voilà la vraie force, le secours exprès, le collaborateur éprouvé. Accoutumée à demander ses moyens d'agir à la persuasion, son principe à l'assentiment populaire, elle luit au dehors parce qu'à l'intérieur elle éclaire. Sans besoin de gloire militaire pour fonder des dynasties, gloire qui se contrepaie toujours de l'humiliation d'autrui, elle ignore le risque immense de fermer les frontières, et les âmes au-delà des frontières, sous le coup de la crainte et de la haine. Sa voix porte : ses voisins n'ont nul motif de l'étouffer ni de s'en défendre. Gouvernement plus ouvert, plus accessible aux progrès, d'une part elle contribue de plus haut et d'une main plus sûre à l'avénement des améliorations que l'avenir recèle et par suite à la puissance de ceux qu'elle sert et qui l'aiment ; d'autre part, elle nous place plus avant sur la route du progrès en Europe, en tête du cortége des peuples. À tous ces titres, est-il gouvernement plus propre qu'elle à inciter l'Allemagne, à faire avancer l'Allemagne, à piquer d'honneur l'Allemagne, à conduire rapidement l'Allemagne dans cette voie des institutions libérales qui seront nos vengeurs ? En est-il un qui mieux qu'elle, appelle et assure la revanche dont nous avons parlé : celle du rayonnement, de l'avénement des droits, de l'union, de l'effacement des classes hostiles, de la sympathie, du pouvoir de l'esprit, de l'influence intellectuelle ?

On sait le différend dramatique mais inégal qui a mis aux prises à ce propos, il y a quelques années, deux de nos adversaires : l'un diplomate distingué, esprit juste, perspicace et prévoyant, l'autre cerveau puissant, passionné et dominateur. Unis dans l'envie de nous nuire, ils ne se divisaient que sur le choix du gouvernement qui pouvait le mieux nous perdre. Six ans passés dans le sein de l'ordre solide, de la paix civile, d'un relèvement merveilleux qui a étonné le monde et la France elle-même, de la prospérité renaissante et croissante, ont déjà porté de rudes atteintes aux prévisions de l'implacable Richelieu du Nord. Prouvons-lui davantage que la haine aussi peut être mauvaise conseillère et que ce n'est pas sous l'ère de la République et par sa faute qu'il mènera la France jusqu'à la place des Terreaux dans les barques du Rhône !

A ce point de vue, je ne sais, mais il me semble que l'amour-propre national à son tour doit nous attacher à l'institution républicaine et qu'elle devient, sous l'empire de ce souvenir, une sorte de question de point d'honneur. Le droit, le progrès des temps, le vœu de plus en plus accusé de la nation, la nécessité politique, la reconnaissance des services rendus parlaient déjà de toutes parts pour elle, et nous avions sans nul doute à la maintenir pour nous-mêmes. Allons plus loin. N'est-il pas vrai, en outre, qu'il sera consolant pour la France contemporaine et piquant pour l'histoire de voir l'inimitié forcenée blessée par son propre piége, l'arme préparée se tourner contre elle, la herse abaissée, qui se jurait de nous fermer la route, transformée en un pont de secours et les moyens mêmes qui conspiraient de nous paralyser pour jamais dans les divisions, l'agitation et les violences intestines devenir la ressource la plus puissante, la plus efficace du plus redoutable retour offensif ?

Conservons donc l'institution républicaine ! Maintenons-la de nos mains et de nos votes, de notre pa-

9.

tience et de notre fermeté ! Maintenons-la par raison et par gratitude, par devoir, par dignité, par prévoyance ! C'est ici la dernière leçon recueillie au fond de nos malheurs. Ici, est le dernier mot de l'invasion. Je m'assure que de tous ceux que nous venons d'entendre, il n'est pas le moins éloquent ni celui qui mérite de faire l'impression la moins profonde.

Ces conseils, moi qui les prêche, suis-je sûr de n'y pas faillir ? Leur voix si dominante aujourd'hui ne risque-t-elle pas de s'affaiblir en moi avec l'éloignement, le temps, les bruits du monde ? Suis-je sûr de ne me point détacher de leurs diverses causes aujourd'hui si vivantes dans mon esprit ? Oublier ! Non jamais. Il est des âmes chez qui le dur flot du temps creuse, fût-ce sans pitié, le lit du souvenir au lieu de le combler de sa poussière inutile. Je sais trop que je suis de celles-là.

Non ! Je n'oublierai pas. Je puis en répondre au nom de ces années lointaines, et depuis si longtemps fermées, dont l'invasion a fait revivre sous mes yeux les jeunes et nobles images. Je puis en répondre au nom de cette retraite emmurée de froideur et de dégoûts qu'un ascendant plus fort, le sien, m'a forcé de quitter ; au nom de ces mobiles nouveaux qu'elle apporte, précieux comme un souffle de renaissance, forts comme une épée nouvelle ramassée à la fin

d'un combat pour remplacer l'épée brisée ou faus-
sée de la première heure; mobiles attachants comme
un amour qu'on sent être le dernier de la vie. Je
puis en répondre au nom de tout ce qui touche
l'homme et le citoyen de nos jours : sûreté personnelle, esprit de justice, ressentiments légitimes,
amour-propre national, espérances, regrets, aspirations du cœur national. Je puis en répondre au nom
même de l'épreuve accomplie.

A cette heure en effet sept ans n'ont-ils pas passé
sur l'invasion ? Eh ! bien, après ces sept années,
loin, bien loin que l'impression se soit éteinte, loin
même que l'image ait pâli, il me semble que chaque
jour de nouveaux souvenirs émergent du fond de
l'époque fatale, pour me saisir, m'emporter en
avant, m'affermir. Il me semble que tous les re-
tentissements augmentent en moi à mesure qu'ils
se prolongent : colère avec la connaissance de
l'étendue des torts et la gestation de l'injure, regret des provinces perdues avec la durée de leur
absence au sein d'un souvenir fidèle, soif plus
vive de leur retour avec le sentiment mieux accusé
de la nécessité politique et patriotique. Il me semble
enfin que plus je me suis attardé, fût-ce pour de
bonnes œuvres utiles au relèvement du pays, à la
consolidation de ses institutions, à la diffusion de

l'esprit qui doit les soutenir, plus, avec une sorte de remords, je me sens de résolution et d'impatience à prendre en main l'œuvre supérieure de l'écrivain, du publiciste et du polémiste.

Puisse la France comme moi se souvenir ! Puisse-t-elle ne pas oublier davantage ! Les moments ne manqueront pas à plus d'une date de son histoire, et faut-il bien parler de l'avenir ? où les enseignements de l'invasion s'offriront utilement à sa mémoire.

Quand, sous prétexte de sa sûreté, de sa tranquillité, on lui parlera de gouvernement personnel, de blanc-seing, d'abdication entre les mains d'une classe ou d'un maître, d'abandon fût-ce partiel de la vigilante discussion de ses affaires : quand l'esprit d'indolence, l'amour du repos ou des jouissances, quand la passion du gain, les calculs des affaires essaieront de la distraire ou de l'endormir ; quand, pour alléger en apparence ses charges et celles de ses fils, elle sera tentée d'amoindrir ses institutions militaires, de répudier l'esprit guerrier nécessaire à son indépendance ; quand sous l'empire de vues intéressées, de rêves utopistes, de sentimentales chimères, on voudra commettre sur elle le crime de l'acclimater à la mollesse et à la peur ; quand aidé par les conseils de méprisables ambitieux ou de sa propre faiblesse on la tentera de délaisser la liberté pour l'ordre, ah ! qu'elle se souvienne ! qu'elle pense à la catastrophe de 1870 ! Qu'elle y pense et je suis tranquille. Le salut est là !

Ce livre, disais-je à la première de ses pages, devait, s'il eût pu paraître à son heure, s'appeler « Après l'invasion. » Que la France nouvelle prenne ce titre pour devise ! Je ne saurais lui faire un meilleur souhait. Pour sa sûreté et le rétablissement de sa puissance, pour son influence sur le monde, l'effacement de ses partis et l'union inaltérable de sa population, bienfait suprême ! pour son bonheur enfin et son honneur, fasse le ciel que comme moi elle se sente par la pensée longtemps encore : — APRÈS L'INVASION ! —

TABLE

AUTRES OUVRAGES DE M. VICTOR MODESTE

De la formation d'une Société d'actionnaires à Meaux pour l'établissement d'un abattoir.
Broch. in-8", publiée en 1853.

Notice sur M. HATTINGAIS, ancien magistrat, membre du Conseil des Cinq-Cents jusqu'au 18 brumaire, membre du Corps législatif pendant les Cent-Jours, 1749 à 1841.
Broch. in-8", publiée en 1861.

LE PASSAGE DE LOUIS XVI A MEAUX, au retour de Varennes, le 24 juin 1791.
1"" édit. in-12 publiée en 1865.
(2ᵉ édit. sous presse).

Cours d'économie politique professé à **Reims,** en 1861 et 1862.
Leçons publiées dans le *Bulletin* de la Société industrielle de Reims.

De la taxe du pain.
Broch. in 8", 1856. Paris, Guillaumin.

Le billet des Banques d'émission et la fausse monnaie.
Broch. in-8", 1856. Paris, Guillaumin.

Déposition de M. Victor Modeste dans **l'Enquête au Conseil d'Etat** sur la révision de la **Législation des céréales**, in-4°, 1859.

Sur la **Fabrication et le Commerce des meules à moulins.** Dans le *Dictionnaire universel du Commerce et de la Navigation.* In-4°, 1860.

ÉTUDES SUR LA PROPRIÉTÉ INTELLECTUELLE, en collaboration avec MM. Frédéric Passy et P. Paillottet, avec une préface de M. Jules Simon.

> 1 vol. gr. in-18, 1859. Guillaumin, rue Richelieu, n° 14. Dentu, Palais-Royal, galerie d'Orléans, n° 13.

Division de l'Étude, de M. Victor Modeste, avec cette épigraphe : « Ne soyons que dix, que cinq, que deux s'il le faut, mais élevons le drapeau du principe absolu. »

F. Bastiat, 1846.

Première partie. — *Question de droit.* Définition de la propriété. — Définition de l'œuvre intellectuelle. — L'œuvre intellectuelle est-elle du travail personnel ? — L'œuvre intellectuelle est-elle du travail personnel exercé sur un objet appropriable ? — Jouissance ou ensemble des modes d'exploitation de la propriété intellectuelle. — La protection légale. — La propriété intellectuelle est-elle une propriété d'un genre particulier ?

Deuxième partie. — Les intérêts. — Les difficultés d'application. — Moyens pratiques.

DE LA CHERTÉ DES GRAINS ET DES PRÉJUGÉS POPULAIRES qui déterminent des violences dans les temps de disette.

> 1re édit. in-8° publiée en 1854.
>
> 2e édit. gr. in-18 publiée en 1855, par la Société d'agriculture de l'arrondissement de Meaux.
>
> 3e édit. gr. in-18 publiée en 1862. Paris, Guillaumin.

Avec cette épigraphe : « Apprendre et répandre. »

Fréd. Bastiat.

Division du livre. — Ce qu'étaient les famines, ce que sont les disettes. — Conditions anciennes, conditions actuelles de la production agricole et de la distribution des grains. — Dernière disette. — De la violence ; il faut prêcher. — De la violence dans les temps de disette. — Le fermier, le meunier, le boulanger ; effets des hauts prix. — Le commerçant en grains. — Les classes aisées, le capital et le travail, l'impôt communal, l'épargne individuelle.

DU PAUPÉRISME EN FRANCE.

1 vol. in-8°. Paris, Guillaumin.

Division du livre :

PREMIÈRE PARTIE. — *État actuel*, avec cette épigraphe : « Le paupérisme est une plaie, une plaie qui souffre. »

DEUXIÈME PARTIE. — *Causes*. Epigraphe : « Attaquez-vous aux « causes, l'effet suivra. »   J.-B. Say.

TROISIÈME PARTIE. — *Remèdes possibles*. Epigraphe : « Aide-toi, le ciel t'aidera. »

(*Couronné par l'Académie des sciences morales et politiques*).

Meaux. — Imprimerie G. DESTOUCHES, rue de la Juiverie, 1.